HANDBUCH FÜR MÄNNER

Wie Mann seinen Alltag managt

E. Bangert

HANDBUCH FÜR MÄNNER

Wie Mann seinen Alltag managt

EDITION XXL

Inhaltsverzeichnis

HAUSHALT

Ohne Fleiß kein Preis! 10–45

Einkauf und Vorratshaltung 12
Der Kühlschrank 14
Die Küchengeräte 16
Der Backofen 18
Kleines Küchenlexikon 20
Gesunde Ernährung 22
Der Küchenchef 24
Der Abwasch 26
Die Wäsche 28
Ungeliebtes Ungeziefer 34
Der Hausputz 36
Das Bad 42
Die Hausapotheke 44

JOB

… damit Arbeiten auch Spaß macht! 46–53

Kontaktbörse Büro 48
Fit im Büro 50
Gute Kinderstube im Büro 52

KLEIDUNG

Dann mal ran an die Klamotten! 54–63

Kleine Figurenkunde 56
Anzug & Co. 58
Die Krawatte 60
Die Schuhpflege 62

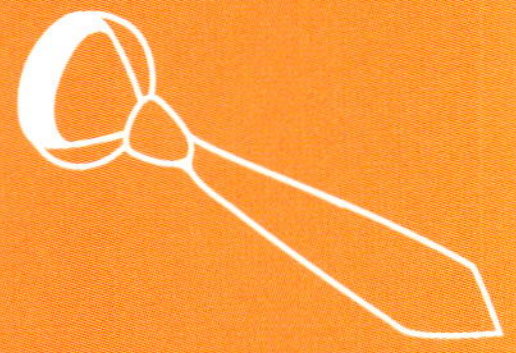

HOBBYS

Viel Vergnügen dabei! 64–69

Typische Männerhobbys 66
Der Mann und sein Auto 68

FRAUEN

Wer nicht wagt, der nicht gewinnt! 70–83

Der erste Kontakt 72
Das perfekte „Dinner for two" 74
Tanzen gehen 76
Die Macken der Frauen 78
Das richtige Geschenk für „sie" 80
Die Bewährungsprobe 82

Vorwort

Das Thema „Mann und Haushalt" und alles, was dazugehört, ... na ja, wenn das mal gut geht. Und dann auch noch ein Handbuch für Männer – wer braucht denn so was?

Solche Aussagen sind Schnee von gestern! Man kann sich gar nicht vorstellen, wie viele Männer ihren eigenen Haushalt haben. Bei denen ist es selbstverständlich, Wäsche zu waschen, zu bügeln, zu kochen und gleichzeitig die Arbeit, Sport und die neue Freundin unter einen Hut zu bringen.

Und warum sollte Man(n) denn kein Handbuch haben? Frauen haben doch auch ihre Kochbücher oder Bücher mit Tipps und Tricks rund um den Haushalt!

Vielleicht wundert sich die neue Freundin dann schon ein bisschen, wenn im Männerhaushalt alles top in Form ist. Und wenn er dann noch eine farblich aufs Hemd abgestimmte Krawatte trägt und der Tisch richtig geschmackvoll gedeckt ist, fragt sie sich garantiert, ob da nicht eine Frau dahintersteckt.

Man(n) muss ja nicht gleich allen erzählen, dass man ein tolles Männerhandbuch mit unheimlich praktischen Tipps und Tricks besitzt! Männer brauchen schließlich auch ihre Geheimnisse ...

HAUSHALT

Ob es ihnen passt oder nicht, das leidige Thema Haushalt bleibt in der heutigen Zeit auch den „Herren der Schöpfung" nicht erspart. Egal ob Sie alleine wohnen oder Ihre Wohnung mit jemandem teilen – ohne ein bisschen Know-how über Backofen, Waschmaschine, Staubsauger & Co. werden Sie nicht lange durchhalten, das ist sicher!

Nutzen Sie einfach Ihren angeborenen Abenteuerdrang des steinzeitlichen Jägers und entdecken Sie das Neuland der Haushaltsführung für sich. Sie glauben gar nicht, wie sehr Sie die Damenwelt mit streifenfreien Fenstern, sauberen, exakt gebügelten Hemden und einer blitzenden Toilette beeindrucken können!

Es ist nunmal eine Tatsache, dass Frauen tatkräftige Mitarbeit im Haushalt als Zeichen der Liebe und Zuneigung verstehen – das ist wissenschaftlich bewiesen. Und Ihre neue Flamme betritt Ihre Junggesellenbude bestimmt viel lieber, wenn sie nicht erst über riesige Wäscheberge hinwegstaksen muss.

Also, beweisen Sie Ihrer Angebeteten, Ihrer Mutter, Schwiegermutter oder auch Ihrem Mitbewohner, aus welchem Holz Sie geschnitzt sind – nämlich aus blank geputztem! Das bisschen Haushalt schaffen Sie doch mit links, meine Herren!

OHNE FLEISS KEIN PREIS!

Einkauf und Vorratshaltung

Clever Beute machen im Supermarkt

Unsere Jäger-und-Sammler-Zeiten sind ja schon eine Weile vorbei. Heute bringt Mann keine Mammuthälften mehr von der Steppe nach Hause, nein! Heute geht er in riesigen Einkaufszentren auf die Pirsch und wird von der unglaublichen Auswahl praktisch erschlagen.

Da ist es doch immer gut, ein paar Einkaufstipps im Kopf zu haben. Das kann einem eine Menge Ärger und nicht zuletzt auch bares Geld sparen.

WICHTIG

Niemals hungrig einkaufen gehen! Dabei kommen nur Spontankäufe von Süßigkeiten, viel zu großen Familienpackungen und anderem unnützen Zeug heraus. Deshalb immer zuerst den Heißhunger stillen und dann einkaufen.

Supermarktregale haben ihre eigene Ordnung

Da sind immer clevere Verkaufsexperten am Werk, die sich ein paar menschliche Eigenheiten zunutze machen. Wir haben die eisernen Regeln der Verkaufsstrategie für Sie aufgedeckt:

→ Menschen laufen und schauen rechts! Deshalb sind die Regale auf der rechten Seite immer mit teuren und gelegentlich unnützen Produkten gefüllt, während auf der linken Seite die günstigen Waren liegen. Also: einfach mal gegen den Menschenstrom schwimmen. Sie werden sehen: Schon landen automatisch billigere Waren im Wagen!

→ Der Mensch an sich ist faul! Keiner bückt sich gerne, erst recht nicht im Supermarkt, wo man anderen schnell im Weg ist. Sollten Sie aber: Unten liegen nämlich die günstigeren Produkte. In Augen- und Griffhöhe werden bewusst die teuren Artikel platziert.

→ Der Kunde greift immer nach dem vordersten Artikel! Darum stehen vorne die älteren Produkte, deren Verfallsdatum bald abläuft. Da heißt es: ganz nach hinten greifen. So bekommt man immer die frischeste Ware. Ist besonders bei Kühlprodukten wie Milch, Butter, Joghurt, usw. zu empfehlen.

Obst und Gemüse

Immer Saisonobst und -gemüse kaufen. Das schont nicht nur Ihren Geldbeutel, sondern Sie haben auch viel gesünderes und schmackhafteres Essen auf dem Teller. Denn Saisonobst und -gemüse bleibt immer so lange am Strauch, Baum oder in der Erde, bis es ausgereift ist. Obst und Gemüse, das außerhalb seiner Saison angeboten wird, stammt hingegen aus Gewächshäusern, wurde unter Folien angebaut bzw. aus wärmeren Regionen der Welt importiert. Aufgrund langer Transportwege im LKW oder auf dem Schiff muss es noch im unreifen Zustand abgeerntet werden und reift erst während der Lagerung richtig aus.

Eier

Kennen Sie das? Man kommt nach Hause, öffnet die gerade gekaufte Eierschachtel ... und ärgert sich, weil mindestens ein Ei an der Schachtel klebt oder zerbrochen ist und damit nicht mehr zu gebrauchen ist. Unser Tipp: Die Schachtel schon im Supermarkt öffnen und jedes Ei kurz anheben. Wenn ein verklebtes dabei ist, einfach eine andere Schachtel nehmen.

Folienverpackungen

Bei Lebensmitteln, die in Folie verpackt sind (z. B. Brot, Salat oder Käse), darf sich kein Kondenswasser im Inneren gesammelt haben. Das ist nämlich ein sicheres Zeichen dafür, dass die Lagertemperatur der Ware nicht konstant eingehalten worden ist. So bildet sich oft schon Schimmel, bevor das Verfallsdatum erreicht ist.

Tiefkühlprodukte

→ Vorsicht, Gefrierbrand! Immer auf Beschädigungen der Verpackung achten. Und auch hier darf sich kein Kondenswasser im Inneren gebildet haben.

→ Bei starker Eisbildung im Inneren der Packung lassen Sie lieber die Finger davon. Dann ist vermutlich irgendwo auf dem Transportweg die Kühlkette unterbrochen worden.

DER VORRATSSCHRANK

Auf gewisse Lebensmittel sollten Sie immer zurückgreifen können, um nicht vom Fleisch zu fallen. Deshalb haben wir hier einen beispielhaften Grundvorrat zusammengestellt, an dem Sie sich gut orientieren können.

Lebensmittel, die man immer bei Bedarf frisch kaufen sollte

- Brot, Brötchen, usw.
- Frischwurst und -käse
- Fleisch, Fisch, Geflügel
- Frischmilch
- Joghurt
- Salat

TIPPS & TRICKS

- Im Vorratsschrank muss es kühl und dunkel sein. Lebensmittel bleiben so länger frisch und halten sich länger.
- Neu gekaufte Lebensmittel hinter den älteren einsortieren. So behalten Sie die Übersicht darüber, was als Nächstes verbraucht werden muss.
- Angebrochene Packungen nicht einfach wieder in den Schrank zurückstellen. Immer in einen gut schließenden Behälter geben – das hält lästige Lebensmittelmotten und andere Schädlinge fern.
- Reste von geöffneten Konserven immer in einen anderen Behälter umfüllen und im Kühlschrank aufbewahren.

Lebensmittel, die man auf Vorrat kaufen kann

Frischobst und -gemüse
z. B. Kartoffeln, Zwiebeln, Äpfel, usw.
Butter oder Margarine, Eier

Gewürze
Brühwürfel
Tiefkühlkräuter oder getrocknete
1 l Pflanzenöl mit neutralem Geschmack (z. B. Sonnenblumen- oder Distelöl)
Essig
Tomatenmark
Senf
Ketchup
Zucker
Salz
Pfeffer
Paprika
Muskat

Nährmittel
Pasta
Reis
Kartoffelpüreepulver
Knödelpulver oder im Kochbeutel
Mehl

Konserven
Dosenwurst
Bockwürstchen
Thunfisch
Sauerkraut
Oliven
eingelegte Gurken
passierte Tomaten
Gemüsedosen (Bohnen, Mais, usw.)
Obstdosen (Ananas, Kirschen, usw.)
Dosensuppe (Zwiebel-, Spargelcremesuppe, usw.)
Brotaufstrich
Marmelade
Honig

Getränke
H-Milch
Kaffeepulver
Tee
Kakaopulver
Obstsaft
Cognac
Martini
Wein
Wasser (falls Sie sich nicht mit gekauftem Mineralwasser abschleppen wollen: Natürlich ist auch das Leitungswasser bei uns in Deutschland bedenkenlos trinkbar)

Fertiggerichte
Wenns mal schnell gehen soll nach einem langen Arbeitstag oder zwischen zwei Terminen:
Tiefkühl-Pizza oder -Lasagne
Tiefkühl-Pfannengerichte
vorgekochte Pasta mit Fertigsoße
Dosen-Ravioli in Tomatensoße

2–3 Sorten Knabberzeug
Allzeit bereit damit für den Fernsehabend mit Freunden, die Pokerrunde mit den Kumpels oder eine spannende Fußballübertragung im Fernsehen.

Der Kühlschrank

Ordnung ist das halbe Leben

Sofort nach dem Einkauf befördern Sie alle Lebensmittel, die gekühlt werden müssen, in den Kühlschrank – doch was ist das? Schon nach wenigen Tagen schrumpeln Obst und Gemüse müde zusammen, die Wurst riecht komisch und der Käse schlägt seltsame Wellen ...

Wir sagen Ihnen, woran das liegt und wie Sie es außerdem noch schaffen, nie mehr vom Chaos in Ihrem Kühlschrank beherrscht zu werden!

Ein Kühlschrank hat kältere und wärmere Zonen mit Temperaturen, die sich zwischen + 1° und + 15° C bewegen können. Die Temperatur sollte im mittleren Kühlschrankbereich ungefähr bei 4° C liegen. Mit einem preiswerten kleinen Thermometer lässt sich das ganz einfach kontrollieren und Sie haben die Gewissheit, dass Ihre Lebensmittel gut aufgehoben sind, ohne dass Sie unnötig Energie verschwenden. Immerhin gehört der Kühlschrank zu den größten Stromfressern im Haushalt!

Da Wärme ja bekanntlich nach oben steigt, ist es im oberen Kühlschrankbereich wärmer als unten. Nur im Gemüsefach ist es noch wärmer, weil es durch die Glasplatte abgeschirmt wird.

Jedes Lebensmittel hat seine persönliche „Wohlfühlzone", die Sie beachten sollten, damit alles möglichst lange frisch bleibt. So mag es z. B. Salat gern verhältnismäßig warm und ist deshalb ganz unten im Gemüsefach am besten aufgehoben. Die Frühstücksmilch braucht hingegen kältere Temperaturen und sollte deswegen ein Stück weiter oben stehen. Auf der gegenüberliegenden Seite zeigen wir Ihnen im Detail, wo Sie welche Lebensmittel am besten aufbewahren.

Und was dieses System sonst noch bewirkt: Zukünftig haben Sie in Ihrem Kühlschrank stets den perfekten Durchblick! Gerüchten zufolge leiden Männer am sogenannten „Kühlschrankblick"-Syndrom – sie stehen ratlos vor ihrem Kühlschrank und finden das Lebensmittel, das sie suchen, nicht, obwohl es genau vor ihrer Nase steht!

Räumen Sie Ihren Kühlschrank also einfach immer nach demselben System ein! So finden Sie sogar im Halbschlaf um 6 Uhr früh oder im Wachkoma nach einer durchzechten Nacht alles auf Anhieb wieder! Und ganz nebenbei bleiben mit so einer „Kühlschrankordnung" auch noch Ihre Lebensmittel länger frisch. Sie schlagen also zwei Fliegen mit einer Klappe!

TIPPS & TRICKS

- Lassen Sie den Kühlschrank nicht unnötig lange offen stehen, damit die Betriebstemperatur nicht zu weit ansteigt. Das ist Stromverschwendung, und leicht verderbliche Lebensmittel können dadurch schneller kaputtgehen.
- Spätestens alle drei Monate sollten Sie Ihren Kühlschrank komplett ausräumen, um ihn zu reinigen. Es gibt nämlich genug Bakterien und Keime, die sich auch noch bei Kühlschranktemperatur wohlfühlen und vermehren. Mischen Sie einen Liter heißes Wasser mit einem Schuss Essig und waschen Sie das Gerät damit gründlich aus. Anschließend nur noch trocken wischen und wieder einräumen.

Sie besitzen ein Gefrierfach bzw. ein Gefriergerät? Dann könnten Sie die folgenden Tipps interessieren:

→ Lassen Sie warme Lebensmittel immer zuerst abkühlen, bevor Sie diese ins Gefrierfach legen. Die Wärmestrahlung könnte bereits eingefrorene Produkte teilweise auftauen.

→ Frieren Sie Lebensmittel nur in dafür vorgesehenen Gefrierbeuteln oder Plastikbehältern ein, am besten portionsweise. Das Behältnis sollte unbedingt luftdicht verschlossen werden. Deshalb immer zuerst die Luft aus den Beuteln drücken und dann mit einem Kunststoffclip oder Gummiring verschließen. So kann kein Gefrierbrand entstehen.

→ Beschriften Sie jedes Lebensmittel vor dem Einfrieren mit einem Permanent-Marker oder einem Aufkleber, auf dem Sie notieren, um was es sich handelt und wann Sie es eingefroren haben. Sonst wissen Sie nach zwei Wochen nicht mehr, was sich in welchem Beutel befindet und wie lange das Gefrorene bereits auf Eis liegt.

→ Beim Auftauen sollten Sie aus Hygienegründen den Behälter wechseln, in dem das Gefrorene aufbewahrt wurde. Im Tauwasser tummeln sich nämlich alle Arten von Bakterien.

→ Frieren Sie Tiefkühlprodukte, die einmal aufgetaut sind, auf keinen Fall wieder ein! Bei wiederholtem Gefrier- und Auftauzyklus nimmt das Gewebe der Lebensmittel Schäden, d. h., Geschmack, Farbe und Konsistenz ändern sich und sie verderben schneller.

Oben: ca. +8° C
Hier sind zubereitete Speisen, offene Gläser (z. B. Salatsoßen), Marmelade sowie alle Produkte mit der Aufschrift „Nach dem Öffnen kühl lagern" gut aufgehoben.

Mitte: ca. +4° C
Milchprodukte wie Joghurt, Sahne, Quark und Käse kommen eine Etage tiefer.

Allzeit bereit für die Jungs

Fußball on ice – für einen kühlen Kopf bei einem heißen Spiel

Unten: +1° bis +3° C
Maximale Kühlpower, besonders nahe der Rückwand – perfekt für schnell verderbliche Lebensmittel wie Wurst, Fleisch und Fisch.

Gemüsefach: ca. +10° C
Super Wohlfühlklima für Gemüse, Salat und Obst. Achtung: „Nachreifer" wie Tomaten und Südfrüchte verlieren im Kühlschrank ruck, zuck ihr Aroma!

Tür: +10° bis +15° C
Im Türbereich schwankt die Temperatur am stärksten, also das richtige Plätzchen für alles, was nur eine leichte Kühlung braucht, z. B. Butter, Margarine, Eier (auf jeden Fall im dafür vorgesehenen Eierfach aufbewahren), Senf und Getränke.

ACHTUNG

Nicht in den Kühlschrank gehören: Zitrusfrüchte, Kartoffeln, Brot, Speiseöl sowie Zwiebeln und Knoblauch.
Nicht überfüllen: Die Luft im Gerät muss zirkulieren können, um eine ausreichende Kühlung zu ermöglichen.

Die Küchengeräte

Jede Menge Spaß für Techniker

Damit Sie sich auf dem Küchen-Neuland schnell zurechtfinden, sollten Sie sich erst einmal einen Überblick über die gebräuchlichen Küchengeräte verschaffen. Schließlich lässt es sich nur schwerlich kochen, wenn man keine Ahnung davon hat, wie z. B. das Kochfeld angeschaltet wird. Okay, Sie kriegen ein Steak auch früher oder später mit Ihrem Schweißbrenner gar, aber das dauert …!

Also: Stürzen Sie sich in die Welt der Küchengeräte. Sie werden sehen, die sind auch nicht komplizierter als Ihr Computer!

WICHTIG

Hygiene ist in der Küche das A und O! Deshalb gilt: Immer alle verwendeten Werkzeuge, Küchengeräte und Arbeitsflächen nach dem Gebrauch gründlich reinigen und anschließend trocken reiben.

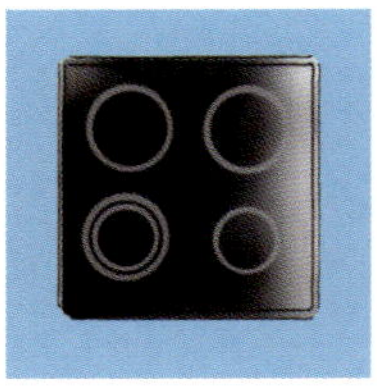

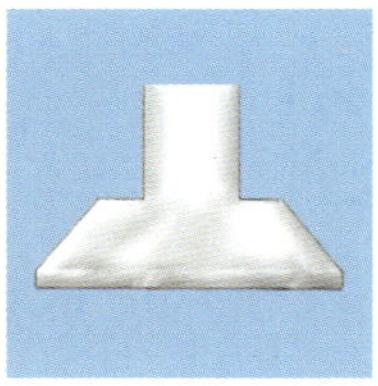

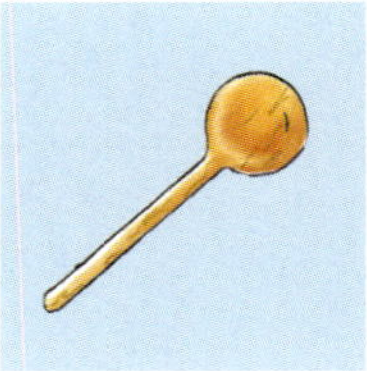

DAS BRAUCHEN SIE:

Kochfeld

Eines der wichtigsten Geräte in der Küche! Die Bedienung ist ein Kinderspiel: einfach die Knöpfe für die entsprechenden Herdplatten drehen oder die Sensortasten drücken. Wichtig ist hier ganz besonders die Sauberkeit: Reste von Übergelaufenem brennen ruck, zuck in die Platten ein, stinken oder können sogar brennen. Deshalb: Immer sofort nach jeder Kocharie reinigen!

Dunstabzug oder Rauchfang

Wer einen hat, sollte ihn unbedingt bei jedem Kochen einschalten, sonst stinkt die ganze Wohnung nach Fisch, Fleisch oder anderem. Außerdem ist der den Töpfen entweichende Dampf feucht, was auf die Dauer zu Schimmelbildung an den Wänden führen kann.

Pfanne und Topf

Ohne die beiden geht in der Küche gar nichts. In der Pfanne wird alles Gebratene, im Topf alles Gekochte zubereitet. Eine gute Beschichtung der Pfannen erleichtert Ihnen das Braten sehr, weil so gut wie nichts haften bleibt. Zwei verschiedene Größen sollte man schon haben. Bei Töpfen greifen Sie am besten zu Edelstahltöpfen, unterschiedliche Größen sind ein Muss – für etwas Soße benötigen Sie ja keinen 5-l-Nudeltopf!

Kochlöffel

Der absolute Alleskönner. Mit dem können Sie Soßen und Suppen anrühren, Gemüse und Süßspeisen vor dem Anbrennen bewahren und sogar Bratgut in der Pfanne wenden. Dafür nehmen Sie am besten die praktischen Spatel.

Am geeignetsten sind Kochlöffel aus Silikon oder Holz, die Sie sich am besten gleich in verschiedenen Größen zulegen. Die modernen Silikon-Kochlöffel haben gegenüber den hölzernen den Vorteil, dass ihre Oberfläche nicht so leicht aufraut und sich so praktisch keine Bakterien in den Rissen und Spalten festsetzen können.

Auch um gesundheitsschädliche Kratzer in Pfannenbeschichtungen zu vermeiden, eignen sich am besten Holz- oder Silikonspatel.

Elektrisches Handrührgerät

Einfach die Rühr- oder Knethaken im Gehäuse einrasten lassen und mit der kleinsten Drehzahl anfangen. Dann können Sie die Geschwindigkeit nach und nach vorsichtig steigern.

ACHTUNG: Das Gerät sollten Sie möglichst immer gerade halten, sonst erkennen Sie Ihre Küche vor lauter Spritzern hinterher nicht mehr wieder!

Kaffeemaschine

Ihren Gästen sollten Sie doch einen Kaffee anbieten können, oder? Und morgens nach dem Aufstehen ist er ein prima Muntermacher.

Dazu kommen noch:

kleines Küchenmesser • Brotmesser • Schneidbretter aus Kunststoff in verschiedenen Größen • Messbecher • Kartoffel- oder Gemüseschäler • Küchenwaage • Küchensieb • Schneebesen • Dosenöffner • Flaschenöffner • Korkenzieher • Haushaltsschere • Schöpflöffel für Suppen und Soßen • Rührschüsseln • Küchenreibe • Salz- und Pfefferstreuer • Topfuntersetzer

und natürlich

• Teller • Tassen • Gläser und • Besteck in allen Variationen

Außerdem sollten Sie immer in greifbarer Nähe haben:

Küchenkrepp • Topfreiniger • Spültuch • Topflappen oder Ofenhandschuhe • Geschirrtuch • Putzlappen

NÜTZLICHE, SEHR PRAKTISCHE EXTRAS, DIE ABER NACH UND NACH ANGESCHAFFT WERDEN KÖNNEN:

Wasserkocher

Das ist einfach: Stecker rein, Wasser einfüllen, Deckel zu, einschalten. Kleiner Tipp: Wenn Sie den Wasserkocher nicht ständig entkalken wollen, können Sie auch stilles Mineralwasser statt Leitungswasser verwenden. So gibt es fast keine Kalkrückstände und das häufige Entkalken können Sie sich sparen.

ACHTUNG: Übrig gebliebenes Wasser trotzdem nicht im Wasserkocher stehen lassen, sondern immer wegschütten!

Der Mülleimer – zwar kein Küchengerät, aber trotzdem unverzichtbar:

→ Kunststoffe, Blechdosen, Papier und Glas sind wiederverwertbarer Abfall. Tun Sie unserer Umwelt etwas Gutes und sammeln Sie diese Wertstoffe getrennt voneinander. In der Regel kann man sie kostenlos entsorgen.

→ Biomüll ist vielerorts getrennt zu sammeln. Städte und Gemeinden stellen Biotonnen zur Verfügung. Noch besser ist es, wenn Sie einen Komposter haben. Sie werden sich wundern, wie wenig Restmüll dann noch übrig bleibt. Müllgebühren sind schließlich nicht gerade billig, mit dem Geld kann man doch Besseres anfangen.

→ Restmüll einfach in einen separaten Mülleimer sortieren.

WICHTIG: Den Müll, besonders den Bio- und Restmüll, so oft wie möglich hinausbringen – vor allem im Sommer. Überquellende, schmutzige Abfalleimer sind nicht nur unappetitlich, sondern auch unhygienisch und können Ihre Gesundheit gefährden! Auch um ein regelmäßiges Auswaschen der Eimer kommen Sie nicht herum. Und: Halten Sie die Eimer immer geschlossen, sonst erhalten Sie bald Besuch von unliebsamen Krabbeltieren.

Toaster

Den müssen wir Ihnen garantiert nicht erklären, den kennt ja jeder!

Mikrowelle

Auf jeder Packung von mikrowellengeeigneten Lebensmitteln ist angegeben, wie lange und bei welcher Wattzahl das Produkt in der Mikrowelle bleiben muss. Jetzt nur noch beides genauso am Gerät einstellen und die Mikrowellentür schließen. Eine geeignete Abdeckung der Speisen verhindert, dass der Innenraum beim Erhitzen verschmutzt wird. Beim Klingelton ist Ihr Essen fertig.

ACHTUNG: Keine Behälter aus Metall oder mit Metallteilen, z. B. Teller mit Goldrand, verwenden. Auch Alubehälter sind in der Regel ungeeignet – bitte auf jeden Fall auf der Verpackung nachlesen! Im Zweifelsfall das Essen in ein Gefäß aus Glas oder Keramik füllen. Außerdem gibt es inzwischen auch für die Mikrowelle geeignete Kunststoffe. Reinigen können Sie eine Mikrowelle mit Drehteller, indem Sie diese einfach mit heißem Wasser und einem Schuss Essig auswischen und trocken reiben. Mikrowellen ohne Drehteller können Sie hingegen wie einen Backofen säubern.

Mixer

Hier gibt es nur eine Sache zu beachten: Immer den Deckel schließen, bevor Sie den Startknopf drücken! Sonst erkennen Sie Ihre Küche hinterher nicht mehr wieder.

Profi-Dosenöffner

Am besten legen Sie sich gleich einen von diesen Dosenöffnern zu, die Dosen von der Seite am Dosenfalz auftrennen. Ihr Vorteil: Keine scharfen Schnittkanten mehr, die zu Verletzungen führen können. Setzen Sie den Öffner einfach am Dosenrand an und drehen Sie die Schraube, bis sich der Deckel abheben lässt. Die meisten können sogar noch mehr: Mit einem integrierten Kapselheber hebeln sie jeden Kronkorken vom Flaschenkopf und mit der Spitze lassen sich Vakuumverschlüsse ganz einfach öffnen. Wahre Multitalente!

Ähm ... wofür war nochmal der Knopf da?

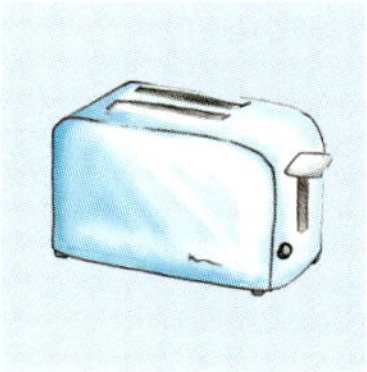
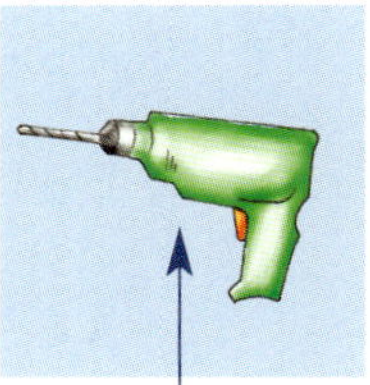

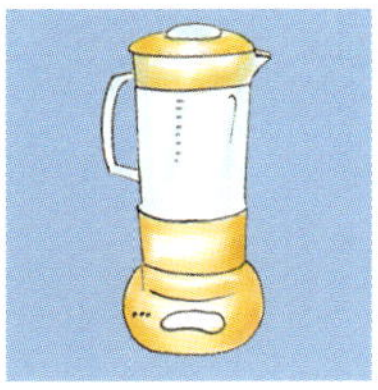
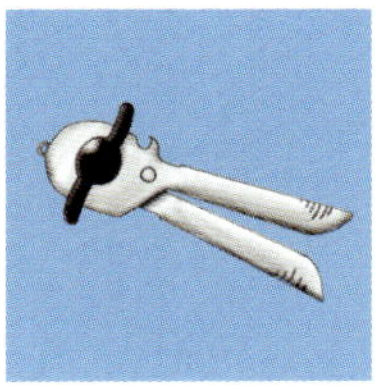

Dosenöffner für echte Kerle

Der Backofen

… damit Sie auch alles richtig gebacken bekommen

Jede moderne Küche ist mit einem Backofen ausgestattet. Wie kommt es dann, dass immer noch einige Vertreter des männlichen Geschlechts keine Ahnung davon haben, wie man das Gerät bedient? Berührungsängste sind hier fehl am Platz, denn früher oder später muss jeder auf die Backkünste des praktischen Gargerätes zurückgreifen. Egal, ob Pizza, Tiefkühlprodukte oder Aufbackbrötchen – es geht einfach nicht mehr ohne Backofen!

Alles, was Sie wissen müssen, ist, dass ein Backofen je nach Bauart auf verschiedene Arten betrieben werden kann. Wenn Sie die Symbole für die einzelnen Beheizungsarten kennen, müssen Sie diese nur am Ofen einstellen. Dann noch die benötigte Temperatur einstellen und Sie können loslegen.

Bei der ersten Benutzung oder wenn Sie sich bei irgendetwas unsicher sind, sollten Sie aber erst die Bedienungsanleitung zur Hand nehmen! Sonst ist beim Backofen nicht auf viel mehr zu achten – außer natürlich auf Sauberkeit.

DIE HÄUFIGSTEN BEHEIZUNGSARTEN

Ober- und Unterhitze

Das normale Garen ist die klassische Beheizungsart. Sie eignet sich zum Backen von Brot und Gebäck, zum Braten oder Warmhalten.

Oberhitze

Garen mit Oberhitze eignet sich zum Nachbräunen von oben, zum Überbacken von Aufläufen oder zum Gratinieren.

Unterhitze

Garen mit Unterhitze wird zum Nachbräunen von unten verwendet, z. B. für Pizza, Flammkuchen, Quiche Lorraine oder feuchte Obstkuchen. Kleine Missgeschicke wie ein durchweichter Kuchenboden oder ein nicht knusprig gewordener Pizzaboden können so ein wenig korrigiert werden.

Heißluft

Bei dieser Beheizungsart wird die von der Ober- und Unterhitze erzeugte Wärme durch einen Ventilator gleichmäßig im gesamten Backraum verteilt. Dadurch können Sie flaches Backgut wie z. B. Pizza oder Plätzchen gleichzeitig auf mehreren Ebenen garen. Hier reichen Ihnen zum Garen niedrigere Temperaturen aus als bei Ober- und Unterhitze. Außerdem können Sie sich das Vorheizen sparen (außer beim Braten von Filet oder Roastbeef).

Etwas exklusivere Geräte verfügen zum Teil auch über eine Bratautomatik oder eine Grill- bzw. Umluftgrillfunktion.

GANZ SCHÖN PRAKTISCH, SO EIN BACKOFEN …

→ Wenn Sie Brötchen übrig haben, die Sie am selben Tag nicht mehr verbrauchen können, packen Sie diese in eine Plastiktüte und verschließen sie gut. Am nächsten Tag träufeln Sie nur etwas Wasser auf die Brötchen und backen sie bei 200° C im Backofen nochmal ca. 10 Minuten auf – Sie werden sehen, die schmecken wieder wie frisch vom Bäcker!

→ Pizza oder Lasagne vom Vortag lassen sich am besten im Backofen aufwärmen. In der Mikrowelle wird der Teig beim Aufwärmen meist zäh, weil ihm Feuchtigkeit entzogen wird. Pizza oder Lasagne deshalb ca. 15–20 Minuten bei 200° C in den Backofen schieben und der Teig schmeckt, wie er schmecken soll.

→ Sie möchten eingefrorenes französisches Baguettebrot aufbacken? Kein Problem: Ein wenig Wasser auf das Brot geben, 10 Minuten bei 200° C im Backofen aufbacken, fertig! Bei Kastenweißbrot nehmen Sie ca. 160° C und backen es ungefähr 15 Minuten.

→ Auch einen leckeren Braten können Sie im Backofen machen, egal ob Schwein, Rind oder Geflügel. Das klappt mit der Hilfe eines Brat-Schlauchs, den Sie überall kaufen können. Seine Vorteile sind, dass Sie kein zusätzliches Fett brauchen und alles sauber bleibt. Außerdem können Sie aus dem Bratensaft eine tolle Soße machen. Und wer keinen Dunstabzug hat, muss sich nicht mit unangenehmen Gerüchen herumärgern.

Zuerst würzen Sie den Braten, stecken ihn in den Brat-Schlauch und verschließen beide Seiten. Jetzt die Folie mit einer Gabel zwei bis drei Mal einstechen und auf einen Gitterrost legen. Darunter kommt noch die Backofenpfanne, fertig.

DIE BACKOFENREINIGUNG

Wenn Sie den Backofen vorher benutzt haben, warten Sie natürlich erst mal mit dem Säubern, bis er gründlich ausgekühlt ist. Dann kann's losgehen. Herausnehmbare Teile wie den Rost und das Backblech weichen Sie am besten zehn Minuten in der Spüle in heißem Seifenwasser ein.

Für den Innenraum besorgen Sie sich einen handelsüblichen Backofenreiniger, der für Ihr Modell geeignet ist.

ACHTUNG: Bevor Sie das Backofeninnere damit einsprühen, lesen Sie bitte sorgfältig die Anweisungen auf der Sprühdose! Grundsätzlich sollten Sie beim Umgang mit so aggressiven Mitteln Ihre Augen und Hände schützen und dabei ein Fenster öffnen, um die giftigen Dämpfe schnell loszuwerden.

Lassen Sie den Reiniger einige Zeit bei geschlossener Backofentür einwirken. Dann wischen Sie das Ganze mit einem alten Tuch, das Sie danach wegwerfen können, aus. Jetzt noch feucht nach- und trocken wischen, fertig!

Kleines Küchenlexikon

Küchenlatein für Anfänger

So mancher ungeübte Hobbykoch soll sich ja schon verblüfft gefragt haben, warum um Himmels willen er laut Kochbuch seinem Frühstücksei einen Schrecken einjagen soll ... Dabei hätte ihm doch nur jemand erklären sollen, was mit „abschrecken" gemeint ist!

Ganz so schlimm ist es bei Ihnen garantiert nicht, trotzdem kann es nicht schaden, sich mit einigen Fachbegriffen und Maßeinheiten vertraut zu machen. Wir erklären Ihnen im Folgenden die gängigsten Grundbegriffe kurz und verständlich.

WICHTIG

Bevor Sie loslegen:
- alles bereitstellen
- oberstes Gebot: Sauberkeit und Hygiene
- zuerst Hände waschen (wenn nötig bürsten) und dann erst Lebensmittel verarbeiten

DIE WICHTIGSTEN KOCHTECHNIKEN

ablöschen
Mehlschwitze oder Bratenfond mit dem Schneebesen unter ständigem Rühren mit wenig Flüssigkeit oder Brühe aufgießen und glatt rühren

abschrecken
z. B. Eier nach dem Kochen kurz mit kaltem Wasser übergießen, damit sie nicht nachgaren und sich besser schälen lassen

al dente
kochen: z. B. Nudeln bissfest, d. h. nicht zu weich, kochen

ausbacken/frittieren
in heißem Fett oder Öl schwimmend garen

auslassen
z. B. Speckwürfeln das Fett unter Hitzeeinwirkung entziehen

binden
Soßen, Suppen und Gemüsegerichte durch Zugabe von Mehl oder Speisestärke sämig machen – Mehl auf jeden Fall mit kaltem Wasser anrühren, damit sich keine Klümpchen bilden, eventuell nochmal durchsieben; dann in die kochende Flüssigkeit geben und unter ständigem Umrühren aufkochen lassen

blanchieren
z. B. Gemüse wenige Minuten in kochendes Salzwasser geben, durch ein Sieb abgießen und kurz kalt abschrecken

dünsten
z. B. Gemüse mit wenig Fett und Flüssigkeit ohne Bräunung bei geringer Hitze garen

flambieren
mit Alkohol (z. B. Weinbrand oder Rum mit mindestens 50 % Vol.) zur Geschmacksverbesserung übergießen, anzünden und brennend auftragen – der Alkohol verbrennt und zurück bleibt eine besondere „Flambierwürze" aus den Alkoholrückständen und Aromastoffen

Fond
Flüssigkeit, die sich beim Braten, Kochen und Dünsten von Fisch, Fleisch oder Gemüse im Topf absetzt, die beste Basis für eine Soße

gratinieren/überbacken
bei starker Oberhitze (ca. 200–250° C) im Backofen oder Grill schnell eine leichte Kruste oder Haut auf dem Gericht bilden lassen

grillen
durch trockene Strahlungshitze bei direkter Hitzeeinwirkung und hoher Temperatur garen

marinieren
Fisch oder Fleisch in eine mit Kräutern und Gewürzen angereicherte Flüssigkeit legen und über mehrere Stunden ziehen lassen

panieren
vor dem Frittieren, Backen oder Braten hintereinander in Mehl, verquirltem Ei und Paniermehl wenden

passieren
durch ein feines Sieb drücken oder pressen

pürieren
zu einem glatten Brei zerstampfen oder zerdrücken

rösten
ohne Zugabe von Flüssigkeit oder Fett in der Pfanne bräunen

schmoren
mit wenig Flüssigkeit und ohne Fett im geschlossenen Topf im Backofen oder auf dem Herd garen

spicken
mit Speckscheiben umwickeln oder Speckstreifen mithilfe einer Spicknadel durch fettarmes Fleisch ziehen

unterheben
geschlagene Sahne oder Eischnee vorsichtig unter eine andere Masse heben, ohne zu rühren

DIE MASSEINHEITEN

Maßlos praktisch –
die gebräuchlichsten Abkürzungen für Maßeinheiten, die man in jedem Kochbuch findet:

kg	→	Kilogramm	
g	→	Gramm	
l	→	Liter	1 l = 1 000 ml = 1 kg = 1 000 g
ml	→	Milliliter	1 ml = 1 g
cl	→	Zentiliter	1 cl = 10 ml
EL	→	Esslöffel	1 EL = 1 gestr. EL = 15 ml = 15 g
TL	→	Teelöffel	1 TL = 1 gestr. TL = 5 ml = 5 g
1 Tasse	→		ca. $\frac{1}{8}$ l = 125 ml = 125 g
1 Becher	→		ca. 200–250 g
Msp.	→	Messerspitze	die Menge, die auf die Spitze eines Besteckmessers passt
Pr.	→	Prise	die Menge, die zwischen Daumen, Zeige- und Mittelfinger passt
Bd.	→	Bund	
St.	→	Stück	
Pck.	→	Packung	
Pk.	→	Päckchen	
gestr.	→	gestrichen	
geh.	→	gehäuft	

DER MENGENBEDARF FÜR EINE PERSON

Dieser lässt sich natürlich auch für mehr Personen hochrechnen. Dabei sollten Sie berücksichtigen, wer zum Essen kommt. Kinder und ältere Menschen essen weitaus weniger als z. B. ein junger Mensch im besten „Mannesalter“. Deshalb sind diese Angaben lediglich Richtwerte.

Fleisch zum Braten oder Kotelett mit Knochen	250 g
Fleisch zum Braten oder Kotelett ohne Knochen	200 g
Steak (Rind) oder Fischfilet	200 g
Schnitzel	180 g
Gemüse als Beilage	150–200 g
Kartoffeln als Beilage	200 g
Reis als Beilage	30–40 g
Nudeln als Beilage	100–150 g
Reis als Hauptspeise	50–60 g
Nudeln als Hauptspeise	200–250 g
Suppe als Vorspeise	$\frac{1}{4}$ l
Suppe als Hauptspeise	$\frac{1}{2}$ l
Soße	$\frac{1}{8}$ l

Für acht Personen brauch ich dann also … ähm …
Wo ist nochmal der verflixte Taschenrechner?

Gesunde Ernährung

... und Sie können Bäume ausreißen!

Die „richtige" Ernährung hält uns gesund und leistungsfähig. Das Leben macht doch viel mehr Spaß, wenn man sich fit und vor Kraft strotzend fühlt, oder?

Abwechslungsreich, vollwertig und vitaminhaltig soll sie sein, außerdem noch ballaststoffreich, kalorienbewusst, fett- und cholesterinarm, und, und, und. Finden Sie diese ganzen Ausdrücke rund um das Thema „Ernährung" auch so verwirrend? Macht nichts, denn wir haben die Lösung für Sie: Die sogenannte „Ernährungspyramide" erklärt Ihnen ganz einfach und verständlich, wie Sie sich ausgewogen und sinnvoll ernähren!

DIE ERNÄHRUNGS-PYRAMIDE

Diese Pyramide wurde von amerikanischen Ernährungswissenschaftlern entwickelt. Sie stellt grafisch dar, in welchem Mengenverhältnis wir die verschiedenen existierenden Lebensmittelgruppen zu uns nehmen sollen, um uns ausgewogen zu ernähren.

Die Nahrungsmittel sind in sieben Gruppen eingeteilt, von der jede bestimmte Energie-, Nähr- und Schutzstoffe hat, die für den Menschen lebensnotwendig sind. Je größer das Feld in der Pyramide dargestellt ist, desto mehr können Sie von den betreffenden Lebensmitteln essen. Verwenden Sie die Pyramide am besten als eine Art Checkliste für Ihre tägliche Ernährung.

TIPPS & TRICKS

- Achten Sie auf Abwechslung in Ihrem täglichen Speiseplan. Genießen Sie die Nahrungsvielfalt, die Ihnen geboten wird!
- Bevorzugen Sie frische Lebensmittel, vor allem bei Obst und Gemüse, und versuchen Sie, so wenig wie möglich industriell gefertigte Produkte in den Einkaufskorb wandern zu lassen.
- Zu viel Zucker und Fett sind meist die Ursache für die vielen sogenannten „Zivilisationskrankheiten", die immer mehr Menschen plagen. Darum sollten Sie vor allem vor diesen zwei Inhaltsstoffen auf der Hut sein.

Fett, Öl, Nüsse, Süßigkeiten – 5 % des Tagesbedarfs

Diese Nahrungsmittel dürfen zwar in unserem Speiseplan nicht komplett fehlen, aber man sollte trotzdem damit auf jeden Fall sparsam umgehen. Versuchen Sie, vor allem pflanzliche Fette (z. B. aus Sonnenblumenkernen, Raps oder Oliven) zu verwenden, weil diese uns mit lebenswichtigen Fettsäuren versorgen.

Bei den Nüssen bewirken auch die mehrfach ungesättigten Fettsäuren, dass sich der Cholesterinspiegel senkt und sich der Zuckerwert stabilisiert, wenn man es nicht übertreibt. Deshalb sind bis zu 100 g Nüsse am Tag sogar gesundheitsfördernd. Süßigkeiten haben meist versteckte Fette und sollten daher nur in Maßen genossen werden. Aber einmal am Tag ist eine kleine Nascherei natürlich absolut in Ordnung, d. h., ungefähr eine Handvoll können Sie sich am Tag gönnen.

Fleisch, Geflügel, Fisch, Wurst, Eier, Hülsenfrüchte – 5–10 % d. T.

Bauen Sie Fleisch und Wurst nur ca. zwei Mal pro Woche in Ihren Speiseplan ein. Greifen Sie dabei vor allem zu fettarmen Sorten, z. B. aus Geflügel. Fisch sollten Sie wegen seiner wertvollen Omega-3-Fettsäuren auch zwei Mal in der Woche einplanen. Bei den Eiern wird empfohlen, maximal drei Stück pro Woche zu sich zu nehmen.

Milch und Milchprodukte – 10–15 % d. T.

Milch, Käse, Joghurt, usw. gehören durch ihre vielen Nährstoffe (z. B. Vitamine, Calcium, Magnesium und Zink) zu den wertvollsten Lebensmitteln, die es gibt. Wenn Sie dann noch zu möglichst fettarmen Produkten greifen, können Sie bis zu 15 % Ihres Tagesbedarfs mit Milchprodukten decken.

Gemüse und Salat – 20 % bzw. Obst – 15 % d. T.

Hier gilt die Regel: Fünf am Tag. Das bedeutet, dass man mit ca. 400 bis 800 g Obst und Gemüse am Tag ausreichend versorgt ist. Legen Sie dabei den Schwerpunkt auf rohes und unverarbeitetes Gemüse. Das ist besonders reich an Vitaminen, Mineralstoffen und Spurenelementen.

Getreide und Getreideprodukte, Reis, Kartoffeln – 40 % d. T.

Die kohlenhydrat- oder stärkehaltigen Lebensmittel sind unser wichtigster Energielieferant. Sie sollen die Basis unserer Ernährung bilden. Bevorzugen Sie dabei vor allem Vollkornprodukte. Nudeln und Brot aus Weißmehl bestehen aus einfachen Kohlenhydraten, d. h., sie enthalten fast keine Nährstoffe (z. B. Ballaststoffe, Vitamine, Mineralstoffe) mehr, die uns ein dauerhaftes Sättigungsgefühl geben.

Getränke

Nehmen Sie mindestens 1,5 l (besser noch sind 2,5 l) ungezuckerte und alkoholfreie Flüssigkeit am Tag zu sich. Am besten sind Wasser, Kräuter- und Früchtetees oder verdünnte Fruchtsäfte. Nicht zu verwechseln mit Limonaden, die haben viel zu viel Zucker! Kaffee und Schwarztee sind keine Durstlöscher und deshalb nur in Maßen zu genießen. Dasselbe gilt natürlich auch für den Alkohol!

*Alkohol in Maßen – nicht mit mir!
Ich sag nur: Hopfen und Malz,
Gott erhalt's. Dabei bleib ich, egal
was die sagen.*

WICHTIG

Warten Sie mit dem Trinken nicht, bis das Durstgefühl kommt, sondern trinken Sie regelmäßig über den Tag verteilt. Bei körperlicher Aktivität erhöht sich der Flüssigkeitsbedarf natürlich entsprechend.

Diese Angaben sind beispielhaft und gelten für Erwachsene mit normaler körperlicher Aktivität. Bei anderen Personengruppen, z. B. sportlich besonders aktiven Menschen, ergeben sich andere Zusammensetzungen.

Der Küchenchef

Das perfekte Verführungsmenü

Der Volksmund weiß es schon lange und Sie wissen es auch: Wenn Sie Ihre Herzensdame so richtig beeindrucken möchten, geht nichts über ein selbst gekochtes und mit Liebe zubereitetes Essen, das Sie ihr in gemütlicher Atmosphäre, z. B. bei Kerzenschein oder vor dem knisternden Kaminfeuer, servieren.

Klingt gut, oder? Dann nichts wie ran an den Kochlöffel! Unser köstliches Schlemmermenü bringt garantiert nicht nur die Geschmacksnerven Ihrer Angebeteten, sondern auch ihre Gefühle in Wallung!

THAI-SUPPE MIT BROTKONFETTI

Zubereitung:

1. Das Brot in grobe Würfel schneiden, die Cashewkerne grob hacken. Den Knoblauch schälen und fein würfeln.

2. Einen Esslöffel Öl in einer Pfanne erhitzen, das Ganze knusprig anrösten, beiseitestellen und abkühlen lassen.

3. Die Paprikaschote waschen, halbieren, vom Kerngehäuse befreien und das Fruchtfleisch in feine Streifen schneiden. Die Champignons putzen und je nach Größe halbieren oder vierteln. Die Frühlingszwiebeln putzen, waschen und schräg in Ringe schneiden.

4. Das restliche Öl in einem Topf erhitzen und die Paprikastreifen sowie die Champignons kurz andünsten. Die Frühlingszwiebeln dazugeben, Mehl darüberstäuben, kurz anrösten und mit Brühe sowie Kokosmilch aufgießen. Alles ca. 10 Minuten bei schwacher Hitze garen.

5. Die Suppe pikant mit Currypaste, Zitronengras, Salz und Pfeffer abschmecken, auf Tellern verteilen und mit der Brot-Nuss-Mischung bestreut servieren.

Zutaten für 2 Personen:

1 Scheibe Mehrkornbrot
40 g Cashewkerne
½ Knoblauchzehe
1 ½ EL Pflanzenöl
1 kleine rote Paprikaschote
125 g kleine Champignons
1 ½ Frühlingszwiebeln
½ EL Mehl
400 ml Geflügelbrühe
½ Dose Kokosmilch
Currypaste
gemahlenes Zitronengras
Salz
Pfeffer

Übrigens:
Curry wird eine aphrodisierende Wirkung nachgesagt. Wenn die Sonja da immer noch nicht schwach wird, liegt es definitiv an Ihnen!

Hier kocht der Chef!

SCHWEINEFILET MIT CALVADOS-ÄPFELN

Zutaten für 2 Personen:

250 g Schweinefilet
1 EL Bratfett
1 Fenchelknolle
½ EL Butter
1 EL Zucker
2 säuerliche Äpfel
45 ml Calvados
Salz
Pfeffer

Zubereitung:

1. Das Schweinefilet mit Salz und Pfeffer würzen. Das Bratfett in einem Topf erhitzen und das Filet darin von allen Seiten ca. 15 Minuten braten. Dann das Filet in Alufolie einpacken und ca. 15 Minuten ruhen lassen.

2. Die Fenchelknolle waschen, gegebenenfalls die äußeren Blätter entfernen. Die Knolle halbieren und dann längs in ca. 1 cm breite Spalten schneiden.

3. Die Butter in einem Topf erhitzen, den Zucker zugeben und so lange rühren, bis der Zucker karamellisiert (geschmolzen) ist. Jetzt die Fenchelspalten zugeben und ca. 10 Minuten braten, gelegentlich wenden.

4. Während der Fenchel gart, die Äpfel waschen, halbieren, das Kerngehäuse entfernen und dann die Äpfel in Spalten schneiden. Kurz bevor der Fenchel fertig ist, die Apfelspalten zugeben, mit dem Calvados übergießen und mit Salz und Pfeffer würzen.

5. Das Schweinefilet aufschneiden, mit dem Fenchel-Apfel-Gemüse auf Tellern anrichten und servieren.

ZIMT-KAFFEE MIT SAHNE-TRÜFFEL-EIS

Zutaten für 2 Gläser:

⅜ l frisch gebrühter Kaffee
1 Zimtstange
2 Gewürznelken
15 g Zucker
2 Kugeln Sahne-Trüffel-Eis

Zubereitung:

1. Den Kaffee mit Zimt, Nelken und Zucker erhitzen.

2. Das Ganze durch ein Sieb in zwei hohe Gläser, z. B. in Groggläser, füllen.

3. Je eine Kugel Eis in den heißen Zimt-Kaffee geben und sofort servieren.

Der Abwasch

Im Handumdrehen zum Spülprofi

Der leidige Abwasch ist eine der unbeliebtesten Arbeiten, die im Haushalt anfallen. Leider hilft da aber kein Jammern und Zetern – gemacht werden muss er so oder so.

Vielleicht sind Sie ja auch glücklicher Besitzer eines Geschirrspülers und können sich so eine Menge Zeit und Arbeit sparen. Wie dem auch sei, egal ob mit oder ohne maschinelle Hilfe an Ihrer Seite, ein paar unserer Tipps können Sie auf jeden Fall gebrauchen.

ABSPÜLEN IN HANDARBEIT

Am besten waschen Sie schmutziges Geschirr immer gleich nach dem Gebrauch ab. Das verhindert nicht nur mögliche Erkrankungen durch Bakterien, sondern schont auch Ihre Nerven. Denn relativ „frische" Essensreste lösen sich viel leichter als angetrocknete, verkrustete Ablagerungen vom Vortag.

Vorsortieren

Um ein sauberes Spülergebnis zu bekommen, sollten Sie Ihr Geschirr in der Reihenfolge Glas – Porzellan – Besteck – Kochgeschirr spülen. Wenn Sie sich Ihre fetttriefenden Töpfe und Pfannen zuerst vornehmen, schwimmen im Spülwasser ruck, zuck so viel Fett und Dreck, dass Ihre Gläser darin nicht sauber werden.

Spülen

Verwenden Sie möglichst heißes Wasser und dosieren Sie das Spülmittel sparsam, sonst entsteht zu viel Schaum, der sich negativ auf den Trockeneffekt des Geschirrs auswirkt.

Die meisten Verschmutzungen bekommen Sie mit einem handelsüblichen Spülschwamm oder einer Bürste ab. Bei hartnäckigen Speiseresten können Sie es erstmal mit kurzem Einweichen probieren. Wenn das nicht hilft, bleibt nur noch der Griff zum Topfkratzer. Aber auf keinen Fall bei empfindlichem Geschirr!

Falls das Wasser schon nach kurzer Zeit sehr dreckig wird oder kein Schaum mehr vorhanden ist, lassen Sie neues Spülwasser für das restliche Geschirr ein.

Was Sie sonst noch beachten sollten:

- Gläser spülen Sie am besten eines nach dem anderen. Wenn mehrere zusammen im Spülbecken liegen, kann schnell mal eines zu Bruch gehen.

→ Porzellan nur in lauwarmem Wasser abspülen. In heißem Wasser setzen sich manche Speisereste erst richtig auf Porzellan fest.

→ Silberbesteck ist besonders empfindlich und sollte grundsätzlich immer sofort nach Gebrauch abgespült und poliert werden.

→ Pfannen mit Antihaft-Beschichtung (z. B. Teflon) nur mit einem weichen Tuch oder Schwamm spülen, niemals mit einem Kratzschwamm oder einer Spülbürste! Dadurch wird die Beschichtung zerkratzt und giftige Teflonpartikel gelangen beim nächsten Kochen in Ihr Essen. Damit ist nicht zu spaßen!

Trocknen

Am besten lassen Sie das Spülgut aufrecht stehend in einem Abtropfkorb an der Luft trocknen. Das spart Zeit, ist hygienischer als das Abtrocknen mit Geschirrtuch und Sie bekommen so ein glänzendes Trockenergebnis. Das Besteck kommt in einen speziellen Trockenkorb.

Wenn Sie das Geschirr abtrocknen und glänzend polieren möchten, vergewissern Sie sich vorher, dass das Geschirrtuch sauber ist. Pfannen und Töpfe aus Gusseisen sollten beispielsweise immer gründlich abgetrocknet werden, damit sich kein Rost bildet.

Dünnwandige Gläser beim Abtrocknen bitte extrem vorsichtig behandeln, die splittern schneller, als Sie denken!

ABSPÜLEN MIT DER SPÜLMASCHINE

Vorneweg müssen Sie erst mal zwei grundlegende Dinge abklären:

1. Überprüfen Sie, ob Ihre Gläser, Teller & Co. überhaupt alle spülmaschinenfest sind. Nicht jedes Geschirr verträgt die hohen Temperaturen, die in einem Geschirrspüler herrschen! Holz-, Elfenbein-, Bambus- oder dünne Kunststoffteile sowie zartes Porzellan-, Glas- oder Keramikgeschirr nehmen z. B. oft in der Spülmaschine Schaden.

2. Nehmen Sie die Gebrauchsanweisung Ihrer Spülmaschine zur Hand und lesen Sie diese gründlich durch, bevor Sie loslegen.

Wenn Sie diese zwei Dinge abgeklärt haben, können Sie das Geschirr wie in der Anleitung beschrieben einräumen. Grobe Speisereste müssen Sie allerdings auf jeden Fall vorher entfernen.

Beim Einräumen müssen Sie vor allem darauf achten, dass die Sprüharme frei rotieren können, die Düsen nicht verstopft sind und das Sieb korrekt eingesetzt ist. Außerdem braucht jedes Geschirrteil einen ausreichenden Abstand zum nächsten, damit das Wasser gut zirkulieren kann.

Dann dosieren Sie den Geschirrspülreiniger nach Packungsanweisung, je nachdem ob das Geschirr nur leicht, mittel oder stark verschmutzt ist. Verwenden Sie dafür nur ausgewiesenen Spülmaschinenreiniger. Falls Klarspüler oder Regeneriersalz nachgefüllt werden müssen, halten Sie sich an die Einfüll-Anweisungen. Jetzt nur noch die Maschine schließen und starten.

Was Sie sonst noch beachten sollten:

→ Porzellan dürfen Sie nur im Vorspülgang spülen.

→ Pfannen mit Antihaft-Beschichtung gehören nicht in die Spülmaschine. Auch hier würde die Schutzschicht darunter leiden.

Ein Wort zur Hygiene

Die feucht-warme Küchenatmosphäre ist eine regelrechte Brutstätte für Bakterien aller Art. Besonders Spüllappen sind die reinsten Bakterienschleudern. Wissenschaftliche Studien haben ergeben, dass darauf 1 Million mal mehr Bakterien hausen als auf der Klobrille! Dazu gehören leider auch häufig gefährliche Salmonellen oder Staphylokokken, die Ihre Gesundheit ernsthaft gefährden können. Deshalb auf jeden Fall die folgenden Tipps beachten:

→ Benutzen Sie Spüllappen und Geschirrtücher auch wirklich nur fürs Abwaschen und Abtrocknen des Geschirrs – für die Bodenpflege oder zum Staubwischen gibt es andere Hilfsmittel!

→ Spüllappen und Geschirrtücher müssen spätestens alle zwei bis drei Tage gewechselt und ab und zu mal in den Kochwaschgang Ihrer Waschmaschine gegeben werden. Denn bei über 90° C überlebt kein Krankheitserreger, auch nicht die widerstandsfähigen Salmonellen.

→ Auch das Spülbecken kann ein Tummelplatz für Bakterien sein – zurückgebliebene Speisereste oder Fettablagerungen sehen nicht nur unappetitlich aus, sondern werden auch schnell zur Brutstätte für Keime. Darum das Spülbecken – und auch alle umliegenden Arbeitsflächen (!!!) – immer kurz mit Spülmittellauge säubern, nachdem Sie diese benutzt haben.

TIPPS & TRICKS

• Angebrannte Töpfe bekommen Sie problemlos sauber, wenn Sie diese mit etwas Wasser und Spülmittel für Geschirrspüler aufkochen und das Ganze über Nacht stehen lassen. Am nächsten Morgen lässt sich das Angebrannte ganz leicht entfernen.

• Bei Pfannen mit Kunststoffbeschichtung lassen sich hartnäckige Verkrustungen lösen, indem man eine Mischung aus $\frac{1}{8}$ l Wasser und 2 EL Backpulver kurz darin aufkocht. Danach die Pfanne nur noch gründlich ausspülen, fertig.

• Zur Vorbeugung von Rostbildung können Sie Gusspfannen und -töpfe mit ein wenig Pflanzenöl dünn einreiben.

Die Wäsche

Wasch(echte) Männer braucht das Land!

Im Büro machen alle mit gerümpfter Nase einen Bogen um Sie? Ihr Hemdkragen „starrt vor Dreck"? Und Ihre Socken könnten glatt als Harzer Käse durchgehen? Tja, da hilft nur noch eins:

WASCHEN IST ANGESAGT!

1. Wäsche sortieren

Ja, liebe Männer, man kann seine Dreckwäsche tatsächlich auch anders als nur in den „Dreckig" und den „Dreckig, aber tragbar"-Haufen aufteilen! Wenn's ans Wäsche waschen geht, wird nämlich

- nach Farben

  und
- nach Waschtemperaturen

getrennt, d. h. Buntwäsche von weißer Wäsche trennen und separat waschen – es sei denn, Sie stehen auf so lustige Farben wie Rosa oder Grau. Schauen Sie auch noch mal vor jedem Waschgang nach, ob in der Waschtrommel oder der Gummidichtung vielleicht noch ein Wäschestück vom letzten Waschgang zurückgeblieben ist – eine vergessene schwarze Socke und die gesamte Weißwäsche hat einen Blauschimmer.

Jetzt noch beide Wäschehaufen in Bezug auf die empfohlene Waschtemperatur der Kleidungsstücke durchsuchen und wenn nötig nochmal nachsortieren. Die Temperaturempfehlung finden Sie in den Pflegeetiketten, das sind diese Zettelchen, die immer an der seitlichen Innennaht der Kleidungsstücke eingenäht sind.

Auf der übernächsten Seite finden Sie eine kleine Einführung in die Welt der Pflegeetiketten, denn bei dem einen oder anderen Symbol ist manchmal nicht auf den ersten Blick zu verstehen, welche Wasch- oder Trockenanweisung dahintersteckt.

2. Waschmittel & Co. dosieren

Je mehr Waschmittel, desto sauberer? So einfach ist es leider nicht. Dann hätten die Dosierungsanleitungen auf den Waschmittelverpackungen ja auch keinen Sinn, oder? Ganz im Gegenteil: Wenn Sie zu viel Waschmittel verwenden, kann es zum Überschäumen der Waschmaschine kommen! Und Ihrer Wäsche oder der Umwelt tut es sowieso nicht gut. Deshalb immer der Waschanleitung auf der Waschmittelverpackung folgen. Dasselbe gilt natürlich auch für den Wasserenthärter.

→ Ein Wort zum Weichspüler:
Grundsätzlich ist es nicht nötig, beim Waschen einen Weichspüler zu verwenden. Wenn Sie es dennoch machen möchten, beachten Sie bitte, dass auch beim Weichspüler weniger mehr ist. Verwenden Sie ihn immer sparsam und wählen Sie die niedrigste Dosiermöglichkeit. Vor allem bei Kunstfaserwäsche und Handtüchern kann ein hoher Weichspüleranteil im Spülwasser unangenehme Nebeneffekte haben: Die Kunstfasern sind mit einem schmierigen Film überzogen und Handtücher nehmen praktisch keine Feuchtigkeit auf.

3. Wäsche filzen

Wenn Sie in Ihrer Waschmaschine nicht ein Vermögen „verschleudern" wollen – im wahrsten Sinne des Wortes –, sollten Sie immer alle Taschen leeren, bevor Sie Hosen, Jacken, usw. in die Maschine stopfen. Sie haben doch bestimmt schon mal von dem Fuffi im Schleudergang gehört, oder?

Außerdem sollten Sie Reißverschlüsse und Knöpfe immer vor dem Waschen schließen. Schnallen, Manschettenknöpfe oder Ansecknadeln, usw. werden wenn möglich entfernt oder das betreffende Kleidungsstück einfach in einem Kissenbezug gewaschen. Solche Kleinteile können sich leicht im Abfluss verhaken und großen Schaden an Ihrer Waschmaschine anrichten.

ÜBRIGENS: Vergessene Papiertaschentücher verleihen Ihrer frisch gewaschenen Wäsche ein hübsches weißes Flusenmuster, an dem Sie sicher Ihre Freude haben!

1

2

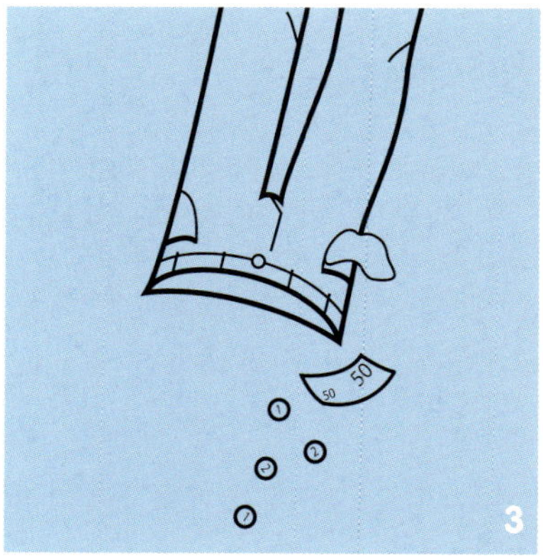

3

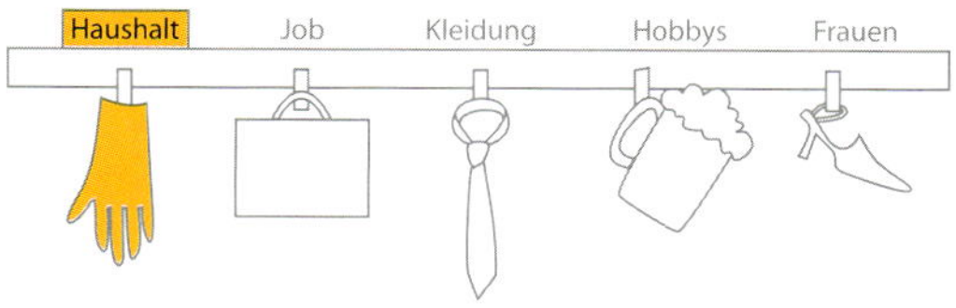

Kriegt man beim Waschen auch 'nen Waschbrettbauch?

TIPPS & TRICKS

Sockenalarm!
Wenn Sie gerade einen Kochwaschgang machen und durch das Bullauge mittendrin eine schwarze Socke entdecken: Keine Panik!

Schalten Sie einfach schnell die Maschine aus, schalten Sie diese wieder ein und starten Sie das Abpumpprogramm. Anschließend können Sie die Socke entfernen und das unterbrochene Waschprogramm nochmal laufen lassen.

Als Alternative können Sie die Socke auch in der Maschine lassen und Ihre Weißwäsche anschließend in zartem Hellblau bewundern.

4. So viele Drehknöpfe und Schalter ...

Das Problem lässt sich ganz einfach lösen. Sie müssen nur etwas tun, was Sie als Mann sonst nie freiwillig tun würden: die Bedienungsanleitung Ihrer Waschmaschine lesen! Darin wird Ihnen schnell und verständlich erklärt, wie die Schalter Ihres Gerätes richtig zu bedienen sind. Beim nächsten Waschen geht's dann schon ohne Anleitung.

5. Letzter Sicherheitscheck

- Wasserzufuhr ist offen
- Stromstecker steckt
- Dreckwäsche ist in der Waschtrommel
- Waschmittel & Co. sind eingefüllt
- Knöpfe und Schalter sind korrekt bedient worden

6. Starten Sie den Waschboliden

Auf den Start-Knopf drücken und los geht's!

Die Wäsche

Wasch(echte) Männer braucht das Land!

Dreckige Wäsche wasch ich doch schon auf jeder Betriebsfeier …

TIPPS & TRICKS

Zum Wäschewaschen:

- Bei Wäschestücken mit hohem Naturfaseranteil reicht oft auch schon Auslüften. Die müssen Sie wirklich nicht immer nach einem Mal Tragen gleich wieder waschen. Schonen Sie Ihre Wäsche und die Umwelt und lassen Sie solche Kleidungsstücke hin und wieder nur über Nacht auf einem Kleiderbügel auslüften.
- Stecken Sie Ihre Dreckwäsche auf keinen Fall feucht oder gar nass in den Wäschekorb – Schimmelpilze vermehren sich nämlich nicht nur auf Lebensmitteln. Schon nach ein bis zwei Tagen kann Ihre Wäsche voller Sporen sein!
  Außerdem können farbintensive, feuchte Wäschestücke in der Enge des Wäschekorbs auch auf andere abfärben.
- Ein kleiner Tipp, der Ihnen das lästige Sockensortieren erspart: Mit sogenannten „Sockenclips" bleiben Sockenpaare immer zusammen, egal ob in der Waschmaschine, im Trockner oder auf der Wäscheleine. Die Clips sind im Normalfall bis 90° hitzebeständig und überstehen daher alle gängigen Wasch- und Trockenprogramme. Es gibt sie mittlerweile von vielen verschiedenen Herstellern zu kaufen.
- Verwenden Sie lieber Waschmittel ohne optische Aufheller. So bleiben die Farben Ihrer Kleidung länger klar.
- Überfüllen Sie die Waschmaschine nicht. Halten Sie sich am besten an die folgende Regel: Zwischen Wäsche und Trommel sollte immer noch gut Platz für Ihre Hand sein.

DIE GEHEIMNISVOLLE WELT DER WASCHSYMBOLE

Die Zahlen in der Waschschüssel geben die maximale Waschtemperatur an, die nicht überschritten werden darf.

- Normalwaschgang: ganz simpel – bis 40° Buntwäsche, bis 60° weiße bzw. helle Baumwoll- und Leinenwäsche, Kochwäsche bei 95°. — 40° 60° 95°
- Schonwaschgang: Ist unter der Waschschüssel ein Balken abgebildet, ist das Kleidungsstück besonders empfindlich und muss schonend gewaschen werden, z. B. im Waschgang „Pflegeleicht". — 40° 60° 95°
- Handwäsche: Hier ist Handarbeit am Waschbecken gefragt, z. B. bei Seide oder Wolle.
- Nicht waschen: Hier kann Ihnen nur die Reinigung weiterhelfen.

→ Dunkle und farbintensive Wäsche immer mit gleichen oder ähnlichen Farben, kräftig eingefärbte Teile eventuell auch mit der linken Seite nach außen waschen. Jeans sind beispielsweise bekannt dafür, dass sie gerne beim Waschen abfärben. Auch Cord oder Samt-Textilien danken es Ihnen, wenn Sie diese links herum waschen.

→ Kleidungsstücke aus Wolle oder Seide brauchen besondere Pflege, deshalb immer die Pflegetipps auf dem Wäscheetikett beachten. Generell gilt: Wolle und Seide können nur in der Maschine gewaschen werden, wenn dies ausdrücklich auf dem Pflegeetikett vermerkt ist und/oder die Maschine ein spezielles Waschprogramm für Wolle oder Seide hat.

Ansonsten müssen Sie solche Wäschestücke mit der Hand waschen, um Einlaufen und Verfilzen zu vermeiden. Verwenden Sie dafür ein geeignetes Spezialwaschmittel und nur kaltes bis lauwarmes Wasser (höchstens 30°).

→ Wenn Sie Ihre Gardinen waschen möchten, müssen Sie vorsichtig sein: Stopfen Sie nicht mehrere Gardinen gleichzeitig in die Trommel, sondern machen Sie lieber mehrere Gardinenwaschgänge. Außerdem dürfen Sie nur so wenig wie möglich Gardinenwaschpulver verwenden. Die Maschine schäumt sonst schnell über und Sie müssen mehrere Spüldurchgänge laufen lassen, um den ganzen Schaum loszuwerden. Und sauber werden die Gardinen dann auch nicht.

TIPPS & TRICKS

Zur Fleckenkunde:

• Kaugummi auf dem Hosenboden? Legen Sie das verschmutzte Kleidungsstück in einem verschlossenen Folienbeutel ins Gefrierfach und lassen Sie es hart werden. Anschließend brauchen Sie es nur noch auszubürsten. Übrig gebliebene Kaugummireste können Sie mit ein wenig Waschbenzin und einem sauberen Lappen entfernen.

• Kerzenwachs auf der Bluse? Zuerst so viel wie möglich von dem Wachs vorsichtig mit einem stumpfen Messer entfernen. Anschließend unter und auf die betroffene Stelle Lösch- oder Küchenpapier legen und mit einem mäßig heißen Bügeleisen so lange darüberbügeln, bis das gesamte Wachs aufgesogen ist.

WICHTIG

Haben Sie von Ihrer Großmutter auch so eine typische schwere Damasttischdecke geerbt und würden sie nach einer Geburtstagsfeier gerne waschen?

Unser Rat: Lassen Sie lieber die Finger davon und geben Sie das gute Stück gleich in die Reinigung. Sie bekommen das riesige Teil nämlich nach dem Waschen einfach nicht glatt, egal mit welchen Hilfsmitteln Sie es probieren. Sie können es gerne mal versuchen, aber Sie werden sehen: Sie haben keine Chance!

KLEINE FLECKENKUNDE

Oberste Regel der Fleckenbehandlung: SOFORT handeln! Sobald der Fleck mal eingetrocknet ist, ist es meist zu spät. Eingetrocknete Spritzer von einem leckeren Spaghettiessen mit Tomatensoße bekommen Sie zum Beispiel mit keinem Fleckenmittel der Welt mehr weg.

Um einen Fleck zu behandeln, haben Sie drei Möglichkeiten: Sie können es mit Gallseife oder Vorwaschspray auf die „sanfte Tour" versuchen oder gleich zu einem Fleckenentferner aus dem Handel greifen. Was es bei allen drei auf jeden Fall zu beachten gibt:

→ Lesen Sie immer zuerst die Anweisungen auf dem Etikett des Fleckenmittels und gehen Sie danach vor.

→ Zum Rausreiben von Flecken immer ein weißes oder sehr helles Tuch benutzen, sonst gesellt sich zum Fleck auch noch eine Verfärbung.

→ Prüfen Sie farbige Wäsche vorher an verdeckter Stelle (z. B. am Saum) auf ihre Farbechtheit, d. h. ob nicht die Farbe mit dem Fleck herausgerieben wird.

→ Lassen Sie keines der Fleckenmittel auf der Textilie antrocknen – das gibt unschöne Ränder. Am besten immer gleich nach der Fleckenbehandlung ab damit in die Waschmaschine und dann ganz normal nach Pflegeetikett des Wäschestücks waschen.

→ Bei der Behandlung mit einem Fleckenentferner muss das Wäschestück im Allgemeinen gründlich ausgewaschen werden, bevor Sie es in die Waschmaschine geben. Verwenden Sie dafür auf keinen Fall heißes, sondern nur lauwarmes oder kaltes Wasser – Sie fixieren sonst den Fleck! Dasselbe passiert übrigens auch, wenn Sie Textilien mit Flecken in den Trockner geben oder bügeln.

Die Wäsche

Trocknen, Bügeln, Falten – so einfach, da ist Mann platt!

WÄSCHE TROCKNEN

Sie haben einen Trockner? Super, denn der spart Ihnen eine Menge Zeit. Beachten Sie einfach die folgenden Grundregeln für die Verwendung eines Trockners. Die machen zwar im ersten Moment viel Arbeit, sparen Ihnen dafür im Nachhinein aber mehr als doppelt so viel Zeit beim Bügeln – das ist es doch allemal wert!

- Immer erst die Betriebsanleitung Ihres Trockners anschauen!
- Entwirren Sie Ihre Wäsche, bevor Sie diese in den Trockner geben. So kann die warme Luft besser zirkulieren und die Teile zerknittern nicht so stark. Da wird das Bügeln manchmal fast überflüssig.
- Trocknergeeignet: Zuerst immer überprüfen, ob Ihre Wäschestücke auch alle für den Trockner geeignet sind (einfach nochmal auf das Wäscheetikett schauen).
- mangelfeucht: Feinwäsche, d. h. empfindliche Stoffe, nur mangelfeucht trocknen. Hemden, Blusen, usw. sollten Sie danach sofort auf Kleiderbügel hängen. Hierbei eignen sich breite Bügel viel besser als Drahtbügel, die oft an den Schulterpartien unschöne Beulen hinterlassen.
- bügelfeucht: Baumwollwäsche und Wäsche mit Synthetikanteil wird bügelfeucht getrocknet, sonst „schrumpft" sie. Anschließend aufhängen und in Form ziehen.
- schranktrocken: Den Rest wie z. B. Handtücher, Unterwäsche oder Geschirrtücher können Sie mit dem „Schranktrocken"-Programm trocknen.
- Lassen Sie Ihre Wäsche nach dem Trocknen nicht in der Trommel liegen – das führt zu völlig unnötigen Knitterfalten, die Sie dann wieder mühsam rausbügeln müssen. Legen Sie die Sachen stattdessen gleich glatt hin. Viele Wäschestücke wie z. B. Pullover, T-Shirts, Handtücher oder Unterwäsche müssen Sie dann nur noch zusammenlegen, fertig.

Wenn Sie keinen Trockner besitzen, können Sie Ihre Wäsche natürlich auch auf einem Wäscheständer im Trockenraum trocknen lassen. Dabei sollten Sie nur darauf achten, dass Sie Wäschestücke, die viel Wasser aufnehmen, nicht tropfnass aufhängen – die Schwere des Wassers kann das Kleidungsstück verformen.

Unempfindliche Stoffe können Sie ganz normal schleudern, empfindliche Teile, z. B. Wolle oder Seide, aber auf keinen Fall! Seidenblusen hängen Sie nach dem Waschen gleich auf einen Kleiderbügel. Wollpullis breiten Sie auf einem Handtuch aus, legen ein zweites darüber, rollen das Ganze zusammen und wringen es aus. Danach sind die Pullis praktisch trocken.

WÄSCHE BÜGELN

Grundsätzlich gilt: Lieber zu kalt als zu heiß bügeln, sonst bleibt Ihnen das gute Stück noch am Bügeleisen hängen oder es entstehen Rillen.

Am besten fangen Sie mit den Wäschestücken an, die nur lauwarm gebügelt werden dürfen, und hören mit denen für die höchste Temperaturstufe auf. Und was Sie sonst noch beachten sollten:

- Richtig glatt wird die Wäsche beim Bügeln nur, wenn sie ein wenig feucht ist. Deshalb entweder zum Dampfbügeleisen greifen oder die Wäsche noch „bügelfeucht" aus dem Trockner oder von der Wäscheleine nehmen. Bei besonders hartnäckigen Knitterfalten hilft Sprühstärke oder Bügelhilfe aus der Dose.
- Schwarze Kleidungsstücke immer von links bügeln, d. h. die Innenseite nach außen kehren und diese bügeln. So vermeiden Sie den typischen Glanzeffekt.
- An alle Besitzer eines Dampfbügeleisens: Verwenden Sie destilliertes Wasser und das lästige Entkalken des Wassertanks hat sich erledigt.
- Niemals über Knöpfe und Reißverschlüsse bügeln, sondern immer drum herum oder von hinten!
- Hemden, Hosen und dgl. sollten Sie nach dem Bügeln gleich auf Bügel hängen, damit sie faltenfrei abkühlen können.

HEMDEN FALTEN FÜR ANFÄNGER

Damit Ihre Bügel-Bemühungen nicht umsonst waren, brauchen Sie jetzt noch die richtige Falttechnik für Ihre Hemden. Auf jeden Fall erst auskühlen lassen und dann geht's los:

1. Das Hemd zuknöpfen, mit der Vorderseite nach unten hinlegen und glatt streichen.

2. Die linke Hemdhälfte über den Rücken auf die rechte Hälfte legen, die Faltlinie ist ca. 2 cm vom linken Kragenrand entfernt.

3. Den oben liegenden linken Ärmel „zurückfalten", d. h. rechtwinklig nach unten falten. Oben entsteht eine Schräge.

4. Jetzt die rechte Hemdhälfte in der Gegenrichtung falten, die Faltlinie ist diesmal ca. 2 cm vom rechten Kragenrand entfernt.

5. Den rechten Ärmel rechtwinklig nach unten falten, sodass oben wieder eine Schräge entsteht.

6. Das untere Hemddrittel nach oben falten.

7. Das obere Hemddrittel nach unten falten, umdrehen, fertig!

WICHTIG

- Pullover legt man übrigens genauso zusammen!
- Wer seine Hemden gerne ohne die Falten vom Zusammenlegen tragen möchte, hängt sie einfach nach dem Bügeln auf Kleiderbügel, wo sie völlig faltenfrei aufbewahrt werden können.

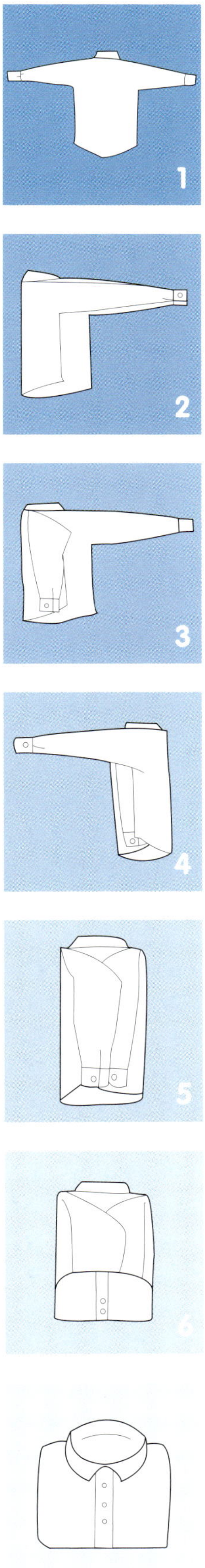

DIE PFLEGESYMBOLE

Wie beim Waschen müssen Sie zuerst einen Blick auf die Pflegeetiketten in den Kleidungsstücken werfen. Hier finden Sie nämlich auch immer ein Symbol, das angibt, wie heiß das Wäschestück getrocknet und gebügelt werden darf. Denn nicht jede Stoffart verträgt dieselbe Temperatur.

Trocknen

Die Punkte bezeichnen die Trocknungsstufe, die Sie am Wäschetrockner einstellen sollen:

- bei hoher Temperatur trocknen
- bei niedriger Temperatur trocknen
- nicht im Wäschetrockner trocknen

Bügeln

Einfach immer auf dem Regler des Bügeleisens die Punktzahl einstellen, die im jeweiligen Kleidungsstück angegeben ist:

- lauwarm bügeln, z. B. Acryl, Nylon, Polyester, Seide
- mäßig heiß bügeln, z. B. Mischgewebe, Polyester, Viskose
- heiß bügeln, z. B. Baumwolle, Leinen
- nicht bügeln

Ungeliebtes Ungeziefer

... und wie Sie es wieder loswerden!

Auch in unseren modernen, hygienischen Zeiten kann es ab und zu vorkommen, dass man sich mit unangenehmen Hausgenossen wie z. B. mit Silberfischchen, Fruchtfliegen oder Kleidermotten herumplagen muss. Unsere Konsumgesellschaft mit ihren riesigen Abfallbergen bietet den widerstandsfähigen Plagegeistern leider eine perfekte Nahrungsgrundlage.

Diese Schädlinge sind nicht nur lästig oder eklig anzuschauen, sondern stellen auch eine ernst zu nehmende Gefahr für Ihre Gesundheit dar. Als „Schädlinge" bezeichnet werden alle tierischen Organismen, die

→ entweder wirtschaftliche Güter wie z. B. Materialien oder Lebensmittelvorräte in ihrem Wert mindern bzw. unbrauchbar machen

→ oder das Wohlbefinden bzw. die Gesundheit des Menschen und seiner Haustiere beeinträchtigen.

Die drei Schädlingsgruppen:

1. Materialschädlinge: Sie befallen Holz, Leder, Papier, Textilien, usw.
2. Vorratsschädlinge: Sie sorgen dafür, dass Lebensmittel ungenießbar werden.
3. Gesundheits- und Hygieneschädlinge: Sie übertragen Krankheitserreger oder lösen Allergien aus.

ABER VORSICHT: Nicht alle Krabbeltiere, die sich in Ihrer Wohnung herumtreiben, sind schädlich – ganz im Gegenteil! Spinnen, Florfliegen oder Marienkäfer sind beispielsweise sehr nützliche Hausgenossen, weil sie die natürlichen Feinde vieler Schädlinge sind! Überlegen Sie es sich das nächste Mal also besser zweimal, bevor Sie wieder mal einem Weberknecht den Garaus machen möchten. Fangen Sie die Tierchen lieber mit einem Glas und setzen Sie diese wieder in die freie Natur.

ACHTUNG: CHEMISCHE KEULE!

Bevor Sie zu chemischen Bekämpfungsmethoden greifen, bedenken Sie bitte das Folgende:

→ Besonders in geschlossenen Räumen können sich die aggressiven Wirkstoffe von chemischen Bekämpfungsmitteln auf Wand-, Boden- oder Möbeloberflächen ablagern und werden dann unkontrolliert wieder an die Raumluft abgegeben. Das kann noch Monate oder Jahre nach dem Einsatz des Mittels gesundheitsschädigende Wirkungen auf den menschlichen Körper haben.

→ Schädlingsbekämpfungsmittel für den Privathaushalt müssen keine Prüf- und Zulassungsverfahren durchlaufen, um auf dem Markt verkauft werden zu dürfen. Daher kommt es schneller zu einer gefährlichen Vergiftung, als Sie denken!

→ Schädlinge können sehr schnell eine Resistenz gegen das Mittel entwickeln, wenn Sie es zu häufig oder nicht sachgemäß anwenden.

→ Solche Mittel sind meist nicht von dauerhaftem Erfolg, weil sie das Problem nicht an der Wurzel packen, d. h. an welcher Stelle im Haus die Schädlinge zuwandern und warum.

→ Sowohl das Bundesgesundheitsamt als auch das Bundesinstitut für gesundheitlichen Verbraucherschutz und Veterinärmedizin raten von der Anwendung chemischer Schädlingsbekämpfungsmittel im häuslichen Bereich durch den Laien ab. Der sichere Weg geht daher immer über einen sachkundigen Fachmann, den Kammerjäger oder „Geprüften Schädlingsbekämpfer". Adressen von qualifizierten Fachbetrieben bekommen Sie beispielsweise beim Gesundheitsamt oder beim Deutschen Schädlingsbekämpfungsverband.

Der Einsatz eines solchen Profis kostet Sie zwar etwas, dafür können Sie sich danach aber auch sicher sein, Ihre Wohnung schädlingsfrei und ohne gesundheitsschädliche Substanzen zurückzubekommen. Das ist es doch wert!

Alternativen zur „chemischen Keule"

Außerdem gibt es zahlreiche Bekämpfungsmethoden für die ungeliebten Krabbler, die umweltschonend und unbedenklich für Ihre Gesundheit sind. Versuchen Sie es erst einmal mit denen, bevor Sie über drastischere Maßnahmen nachdenken. Dazu gehören natürlich auch alle Maßnahmen, die Sie zur Vorbeugung gegen einen Schädlingsbefall ergreifen können.

DAS KÖNNEN SIE GRUNDSÄTZLICH ZUR VORBEUGUNG TUN:

→ Brotkrümel und andere Speisereste sind ein „gefundenes Fressen" für Insekten – deshalb immer gleich wegsaugen bzw. beseitigen.

→ Alle Wohnräume, insbesondere die Fußböden, Arbeitsflächen und schwer zugänglichen Ecken, regelmäßig reinigen.

→ Regelmäßig durchlüften, um Schimmelbildung zu vermeiden – einige Ungezieferarten ernähren sich von Schimmel.

→ Bei Abfalleimern (vor allem beim Biomüll) auf besondere Sauberkeit achten, den Müll regelmäßig entsorgen und nicht über Nacht offen stehen lassen.

→ Futterreste Ihrer Haustiere nicht zu lange im Napf liegen lassen.

→ Lebensmitteleinkäufe auf mitgeschleppte Schädlinge untersuchen.

→ Lebensmittel nicht offen stehen lassen, in dicht schließenden Behältern aus Glas, Metall oder Kunststoff aufbewahren (besonders Trockenfrüchte, Nüsse, Getreideprodukte, Backwaren und Hülsenfrüchte) und regelmäßig kontrollieren.

→ Vorratsschränke übersichtlich und sauber halten, Vorräte nicht zu lange und möglichst kühl und trocken lagern.

→ Gegen kriechende Insekten, z. B. Mäuse und Ratten: mögliche Verstecke durch Abdichten von Ritzen, Fugen und Spalten beseitigen.

→ Gegen fliegende Insekten: nachts beim Lüften das Licht auslassen oder Fliegengitter anbringen.

BEI KONKRETEM BEFALL MIT DEN FOLGENDEN SCHÄDLINGEN KÖNNEN SIE WIE FOLGT VORGEHEN:

Schädling	Wissenswertes	Bekämpfung
Ameise	wird von Süßem wie z. B. Marmelade, Schokolade oder zuckerhaltigem Saft einer Zimmerpflanze angelockt, bildet sogenannte „Ameisenstraßen", kann Nahrungsmittel verunreinigen	Backpulver oder Hefe auf die Ameisenstraße streuen – wenn die Ameisen es fressen, sterben sie; einen Ameisenköder aus dem Handel kaufen und nach Anweisung aufstellen
Essig- oder Taufliege	wird im Volksmund auch „Fruchtfliege" genannt, wird von überreifem Obst und offen stehenden Limonaden- oder Bierflaschen angezogen und kann krankheitserregende Mikroorganismen übertragen	Abfälle schnellstmöglich beseitigen, auf generelle Sauberkeit achten, Lebensmittel mit Folie abdecken und angebrochene Flaschen wieder verschließen
Hausstaubmilbe	ernährt sich von abgestorbenen Hautschuppen, lebt in Matratzen, Teppichen, Polstermöbeln und Stofftieren, ihre Ausscheidungen können Allergien wie z. B. Hausstauballergien hervorrufen	Wohnräume regelmäßig durchlüften, häufig feucht Staub und Böden wischen, Bettzeug regelmäßig in der Sonne lüften und häufig wechseln, bei 60° mindestens eine Stunde lang waschen; Hausstauballergiker sollten ihre Bettwäsche hingegen sogar wöchentlich wechseln und bei 90° waschen, Bettdecken und Kissen alle drei Monate durchwaschen; bisher konnte noch kein chemisches Mittel überzeugen.
Kleidermotte	Ihre Larven ernähren sich von Tierhaaren (Wolle, Seide, Pelz, Fell) und fressen Löcher oder kahle Stellen in die betreffenden Kleidungsstücke. Besonders beliebt sind Kleider mit Schmutz- oder Schweißrückständen, weil sie eine gute Nahrungsquelle darstellen.	Schränke regelmäßig lüften und sauber halten, keine verschmutzten oder verschwitzten Kleidungsstücke in den Schrank hängen, klein geschnittene Orangenschalen oder Lavendelblüten in einem Säckchen oder Zedernholzbügel in den Kleiderschrank hängen – diese Gerüche halten die Motten fern. Befallene Textilien möglichst heiß waschen oder mindestens eine Woche einfrieren, um die Tiere abzutöten
Lebensmittelmotte	Ihre Larven ernähren sich von Dörrobst, Getreideprodukten, Nüssen, Backwaren oder Hülsenfrüchten und bilden vor der Verpuppung weiße Gespinste in den befallenen Lebensmitteln, die sie ungenießbar machen. Gewinde und dünne Verpackungen können sie überwinden, sie können Hautreizungen oder Allergien hervorrufen.	alle befallenen Lebensmittel entsorgen, den befallenen Schrank gründlich reinigen, d. h. alle Ritzen und Fugen mit der Fugendüse des Staubsaugers absaugen, dann feucht auswischen und sorgfältig abtrocknen, am besten mit einem Fön; zusätzlich Pheromonfallen aus dem Handel aufstellen, um eventuell entkommene Tiere zu erwischen
Schabe/ Kakerlake	ist ein nachtaktiver Allesfresser, lebt sehr verborgen, verbreitet einen unangenehmen Geruch durch ihre Ausscheidungen, sie überträgt Krankheiten (z. B. Salmonellen, Tuberkulose), vorratsschädigende Bakterien, Pilze sowie tierische Parasiten und kann Allergien auslösen.	Spalten im Mauerwerk und andere Versteckmöglichkeiten abdichten, Speisereste und Abfälle nicht offen herumliegen lassen, spezielle Köderdosen aus dem Handel nach Anleitung aufstellen und ca. drei Monate stehen lassen – so erwischen Sie auch die Jungtiere. Bei Schaben bleibt aber oft nichts anderes übrig, als einen Fachmann zu holen, weil alle Räume befallen sind und man nicht an alle Verstecke herankommt.
Silberfischchen	relativ harmlos, haust gerne unter Kühlschränken oder in Spalten und Fugen in Bodennähe, frisst so ziemlich alles – Zucker, Haare, Bucheinbände, Baumwolle, Leinen, Leder, Kunstfasern, tote Insekten, usw; kann über einen Zeitraum von drei Monaten ohne Fressen überleben	Feuchtigkeit und Fugen beseitigen, Mischung aus gleichen Teilen Zucker und Borax ausstreuen, spezielle Köderfallen aus dem Handel nach Anleitung aufstellen

Der Hausputz

So werden Sie zum „Saubermann"!

Wenn Sie Ihrem Heim eine regelmäßige Säuberungsaktion gönnen, erhöht das die Lebensdauer der Gegenstände in Ihrem Haushalt beträchtlich. Sie sorgt für einen schönen Wohlfühleffekt, verhindert das Auftreten von Schädlingen und damit von Krankheiten und Allergien.

Im Handel wird mittlerweile eine schier unübersehbare Menge an modernen Reinigungs- und Pflegemitteln für alle gängigen Oberflächen und Werkstoffe angeboten. Und das zu teilweise gepfefferten Preisen! Aber braucht man die denn überhaupt alle?

WENIGER IST MEHR!

Kurz gesagt: Nein, die brauchen Sie nicht! Lassen Sie sich bloß nicht von der Werbung einreden, dass man immer das neueste Reinigungsprodukt braucht, um seine Wohnung effektiver oder schneller sauber zu bekommen. Alles, was Sie brauchen, ist eine gewisse Grundausrüstung, die Sie dann – bei konkretem Bedarf – um den einen oder anderen Spezialreiniger erweitern können. Denn in den meisten Fällen bekommen Sie Ihre Wohnung genauso gut – und viel umwelt- und gesundheitsfreundlicher – mit den üblichen Hausmittelchen sauber.

Achten Sie beim Kauf sowohl auf parfümierende (solche Mittel erkennen Sie an Werbeslogans wie z. B. „zitrusfrisch" oder „mit angenehmem Rosenduft") als auch auf desinfizierende Zusätze – die sind zum Teil allergieauslösend oder sogar krebserregend!

Eine sinnvolle Grundausrüstung besteht aus:

→ einem Putzeimer.

→ mehreren Mikrofasertüchern. Mikrofasertücher haben mit ihrer überzeugenden Putzwirkung das gute alte Schwammtuch längst in Rente geschickt. Ihre mikroskopisch kleinen Kunstfasern können völlig ohne Putzmittel oder – je nach Tuch – mit wenig Wasser und wenig Putzmittel wesentlich mehr Schmutz und Staub binden als ihre Vorgänger. Immer eines zum Wischen und ein zweites zum Trockenreiben verwenden. Ganz wichtig: Regelmäßig auswechseln und ab damit in die Waschmaschine. Im Regelfall können die Tücher bei 60° C gewaschen werden, vertragen allerdings keinen Weichspüler oder Trockner. Kleiner Tipp: Die billigen aus den Discountermärkten sind genauso gut wie die teuren!

→ Schmierseife, denn die ist ein absolutes Universalmittel und altbewährtes Hausmittelchen. Mit ihr können Sie so ziemlich alles im Haushalt umwelt- und gesundheitsschonend reinigen: Fenster, Möbel, Bodenbeläge, usw. Mischen Sie einfach nach Packungsanweisung eine Lauge aus Schmierseife und Wasser und legen Sie los.

→ einem Allzweckreiniger für besonders hartnäckigen Schmutz wie z. B. den Fett-Belag vom Kochen auf der Dunstabzugshaube. Kleiner Tipp: Manchmal hilft es, den Reiniger eine Zeit lang unverdünnt einwirken zu lassen.

→ einem Essigreiniger für den Sanitärbereich und Kalkablagerungen im Allgemeinen.

ACHTUNG: Haushaltsessig, Essigreiniger und besonders Essig-Essenz können auf empfindlichen Flächen hässliche Flecken hinterlassen (z. B. auf Marmor). Vergewissern Sie sich immer, ob die Fläche, die Sie reinigen wollen, Essigsäure verträgt – und zwar bevor Sie loslegen!

→ einem WC-Reiniger für das „stille Örtchen".

→ eventuell einem flüssigen Scheuermittel für harte Flächen. Auf keinen Fall für Keramik, also z. B. Waschbecken oder Badewanne, verwenden – auch wenn das Produkt laut Werbung noch so sanft wirkt, mit der Zeit rauen die enthaltenen Scheuerkörner die Oberflächen trotzdem auf und hinterlassen unschöne Kratzer.

→ einem passenden Spezialpflegemittel für Ihre Böden; das müssen Sie ab und zu dem Wischwasser hinzufügen, um den Boden vor zu starker Abnutzung zu schützen.

→ einem Besen, einem Handfeger und einer Kehrschaufel.

→ einem Staubsauger; Zusatzteile für verschiedene Oberflächen, z. B. ein Polsterbürstenaufsatz, sind kleine Helfer mit großer Wirkung.

Allgemeine Sicherheitshinweise zum Umgang mit Reinigungsmitteln:

→ Halten Sie sich immer an die Anweisungen und Dosierungsempfehlungen des Herstellers!

→ Bewahren Sie Reinigungsmittel grundsätzlich für Kinder unzugänglich auf!

→ Füllen Sie einen Reiniger niemals vom Originalgefäß in ein anderes um – bei vielen Vergiftungsfällen handelt es sich um Kinder, die aus Versehen Putzmittel zu sich genommen haben!

→ Verschiedene Reiniger dürfen Sie auf gar keinen Fall miteinander mischen. Dabei können höchst aggressive Stoffe entstehen.

→ Achten Sie immer darauf, die Zimmer, in denen Sie mit Reinigungsmitteln hantieren, gut durchzulüften.

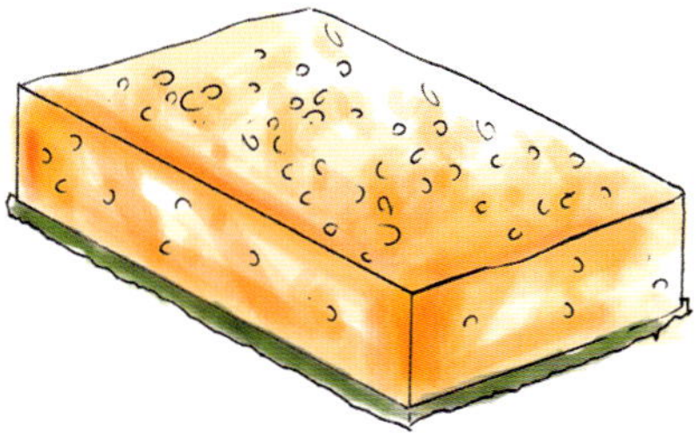

DER HAUSPUTZ KANN BEGINNEN

Jetzt, wo Sie alle wichtigen Reinigungsmittel zur Hand haben und wissen, wie Sie diese anwenden müssen, geht's ans Eingemachte. Egal, ob Fenster, Parkettboden oder Teppich, wir sagen Ihnen, wie Sie Ihr Zuhause einfach und schnell sauber bekommen.

Streifenfreie Fenster

Saubere Fenster sorgen für bessere Lichtverhältnisse in Ihrem Heim und damit auch für bessere Laune. Reinigen Sie die Fenster mit klarem Wasser plus einem Spritzer Spiritus, um Fettrückstände zu lösen. Danach reiben Sie die Fenster mit Zeitungspapier trocken. Die Zellulose im Zeitungspapier saugt das Wasser wunderbar auf und hinterlässt keine Fussel.

Bei besonders stark verschmutzten Fenstern verwenden Sie am besten Essigreiniger anstelle des Spiritus. Der bekommt auch hartnäckigere Ablagerungen ab.

Ein Wisch, und der Staub ist weg!

Staub wischen ist eine leidige, aber notwendige Sache. Je dicker die Staubschicht auf Ihren Möbeln, Lampen, usw., desto größer ist die Gefahr, Schädlinge anzulocken und durch die im Staub lebenden Milben zum Allergiker zu werden. Die mikroskopisch kleinen Spinnentiere ernähren sich von den abgestorbenen Hautschuppen, die Mensch und Haustier täglich verlieren. Leider löst der Kot der Staubmilben bei immer mehr Menschen Allergien aus, die das Leben des Betroffenen stark einschränken. Daher sollten Sie die gesundheitlichen Gefahren, die von einer hohen Staubbelastung ausgehen, nicht auf die leichte Schulter nehmen.

Außerdem ist Staub wischen mit den heutigen modernen Hilfsmitteln eigentlich auch keine aufwändige Sache mehr – der gute alte Staubwedel hat ausgedient! Besonders praktisch sind auch hierfür die bereits angesprochenen Mikrofasertücher.

➔ Am besten verwenden Sie die Tücher feucht – nebelfeucht, nicht nass (!!!) – so erwischen Sie viel mehr Staub, anstatt ihn nur aufzuwirbeln und umzuverteilen. Jetzt eventuell noch kurz trocken reiben und schon sind Sie fertig.

➔ Putzen Sie immer von oben nach unten, d. h. zuerst das oberste Regalbrett in Angriff nehmen und sich dann nach unten vorarbeiten. Sonst stauben Sie bereits geputzte Stellen wieder ein und müssen nochmal drübergehen.

➔ Kümmern Sie sich nicht nur um die waagrechten Flächen, sondern auch um die senkrechten. Auch dort setzt sich mit der Zeit Staub ab, ob Sie's glauben oder nicht!

➔ Vergessen Sie die Spinnweben an der Decke und in den Ecken nicht.

➔ Auch Ihre Zimmerpflanzen brauchen alle paar Monate eine „Entstaubungskur", damit sie wieder frei durch ihre Poren atmen können. Verwenden Sie dafür klares Wasser und einen weichen Schwamm bzw. bei empfindlichen Gewächsen einen weichen Pinsel.

Fenster muss man echt putzen?

Der Hausputz

So werden Sie zum „Saubermann"!

OFT UNTERSCHÄTZT: RICHTIGES LÜFTEN

Warum das so wichtig ist, fragen Sie? Naja, wenn Sie nicht gerade ein leidenschaftlicher Schimmelpilzzüchter oder Bakteriologe sind, finden Sie es bestimmt nicht so toll, wenn Ihr Heim von Schimmelpilzen und anderen unerwünschten Mikroorganismen belagert wird. Die führen nämlich bei vielen Menschen auf Dauer zu schweren Krankheiten wie z. B. Allergien.

Sie bilden sich in Wohnräumen durch angestaute Feuchtigkeit, die nicht entweichen kann. Da heutzutage Häuser immer besser isoliert werden und immer weniger gelüftet wird, um Energie zu sparen, wird Frischluftmangel – und damit auch der Schimmelpilzbefall – zu einer wachsenden Belastung. Die Luft nimmt zwar Feuchtigkeit auf, jedoch nur in begrenztem Maße: So kann beispielsweise ein Kubikmeter Luft von 25° C ca. 23 g Wasser aufnehmen, bei –10° C sind es allerdings nur noch ca. 2 g.

Alles, was darüber hinausgeht, sammelt sich als Kondensationswasser an Fenstern, Wänden oder in Ecken und führt über kurz oder lang zu Schimmelbildung. Wenn man sich jetzt mal vorstellt, dass in einem 4-Personen-Haushalt – je nach Lufttemperatur und Nutzungsintensität – in 24 Stunden bis zu 15 kg Feuchtigkeit freigesetzt werden können, wird einem die Wichtigkeit des regelmäßigen Lüftens deutlich.

Grundregeln für ein wirkungsvolles Lüften:

→ Beim Lüften muss die Raumtemperatur immer über der Außentemperatur liegen. Nur so entsteht eine gute Luftzirkulation, welche die alte, feuchte Luft nach draußen transportiert.

→ Möglichst oft lüften, d. h. im Sommer so oft wie möglich, im Winter mehrmals täglich.

→ Möglichst kräftig, d. h. bei Querlüftung lüften (= das Öffnen von gegenüberliegenden Fenstern und Türen); dabei braucht ein vollständiger Luftaustausch in der Regel nur ca. zwei Minuten, bei gekippten Fenstern kann es schon bis zu zwei Stunden dauern! Deshalb sollten Sie das Lüften mit gekippten Fenstern am besten ganz lassen. Die frische Luft dringt dabei nämlich kaum in die hinteren Wohnbereiche. Und im Winter ist es eine einzige Energieverschwendung!

→ Die empfohlene Lüftungsdauer im Laufe des Jahres (nur Richtwerte):

Dez., Jan., Feb.	5 Minuten
März, Nov.	10 Minuten
April, Mai, Sept., Okt.	15 Minuten
Juni, Juli, Aug.	25 Minuten

Im Winter sorgt beim Lüften allein schon der große Temperaturunterschied zwischen Drinnen und Draußen dafür, dass ein schneller Luftaustausch möglich ist. Deshalb reicht in den besonders kalten Monaten ein wiederholtes 5-minütiges Lüften am Tag vollkommen aus.

→ Nicht nur bei Sonnenschein lüften, sondern auch bei Regenwetter. Wenn es nicht gerade zum Fenster hereinregnet, ist die kalte Außenluft trotzdem trockener als die Zimmerluft.

WOHLFÜHLOASE BETT

Für ein einladendes Bett würde so mancher alles stehen und liegen lassen. Dabei kann auch Ihr Bett mit ein wenig Pflege zu einer Wohlfühloase werden. Wie das geht, sagen wir Ihnen hier:

→ Auch Matratzen müssen regelmäßig „entstaubt" werden. Jeder Mensch verliert pro Jahr ca. ½ Kilo Hautschuppen, von denen ein nicht unerheblicher Teil im Bett landet. Schließlich verbringt der Durchschnittsmensch ungefähr ein Drittel seiner Lebenszeit im Bett! Dazu kommt dann noch eine ganze Menge Schweiß und Hautfett, die wir Nacht für Nacht absondern. Und Sie fragen sich noch, warum auch eine Matratze ab und an mal eine Grundreinigung braucht? Das Ganze wird also mit der Zeit eine ziemlich eklige Angelegenheit, die nicht spurlos an dem Schlafenden vorübergeht. Denn wie immer tummeln sich in dem Staubcocktail jede Menge unangenehme Tierchen:

- ca. zwei Millionen Staubmilben, die Sie zum Allergiker machen können,
- vielleicht auch die eine oder andere Wanze
- oder sogar Bakterien, die Ihnen eine Erkältung oder Magenverstimmung verpassen wollen.

Wenn Sie sich Ihr Bett also nicht mit diesen Hausgenossen teilen möchten, sollten Sie die Matratze einmal im Monat gründlich absaugen, am besten mit der Polsterbürste, einem speziellen Aufsatz für Ihren Staubsauger.

→ Auch ein gelegentliches Lüften der Matratze im Freien an einem sonnigen Tag ist wichtig. Die frische Luft und die wärmenden Sonnenstrahlen lassen die angesammelte Feuchtigkeit im Gewebe verdunsten und vertreiben die feuchtigkeitsliebenden Milben und Bakterien in Scharen.

→ Natürlich gehört zur Betthygiene auch, dass Sie Bettwäsche,

Kissen und Bettdecken regelmäßig wechseln und durchwaschen.

ACHTUNG: Sie können nur Synthetikfüllungen selbst waschen! Wenn Ihre Kissen und Decken mit Daunen oder Federn gefüllt sind, müssen Sie diese zu einer Spezialreinigung bringen. Schauen Sie vorher einfach auf's Pflegeetikett und halten Sie sich an die Anweisungen.

→ Gönnen Sie Ihrer Matratze nach dem Aufstehen eine Erholungsphase: Schlagen Sie die Decke zurück, glätten Sie das Laken, schütteln Sie das Kissen auf und lassen Sie alles bei geöffnetem Fenster gut durchlüften. So kann die Feuchtigkeit der Nacht verdunsten.

→ Spätestens nach zehn Jahren ist es Zeit, sich eine neue Matratze zuzulegen. Nach diesem Zeitraum ist selbst die hygienischste Matratze nicht mehr zu empfehlen.

POLSTERMÖBEL ZUM WOHLFÜHLEN …

… wünscht sich doch jeder, damit man es sich so richtig bequem machen kann, wenn man abends müde von der Arbeit kommt. Dafür, dass Ihre Couch oder Ihr Polstersessel auch über längere Zeit eine Wohlfühlzone bleiben, müssen Sie allerdings auch ein wenig tun.

→ Regelmäßiges Absaugen mit dem Polsterbürstenaufsatz Ihres Staubsaugers sorgt für ein gepflegtes Aussehen und Hygiene. Wenn Sie Haustierbesitzer sind, sollten Sie sich mindestens jeden dritten Tag darum kümmern, die Haare Ihres Vierbeiners von den Polstern zu saugen. Ohne Hausgenossen reicht es einmal in der Woche.

→ Schütteln Sie ab und zu die Kissen auf und platzieren Sie diese wieder ordentlich.

→ Sie haben abzieh- und waschbare Kissenbezüge oder Überwürfe? Wunderbar! Dann alle drei Monate in die Waschmaschine damit und nach Pflegeetikett waschen.

→ Schützen Sie Ihre Polstermöbel vor zu starker Sonneneinstrahlung und lassen sie diese nicht in der prallen Sonne stehen. Die Farben bleichen sonst auf Dauer aus.

→ Ein Polstermöbel ist weder eine Müllhalde noch ein Ablageplatz für unerledigte Dinge oder allerlei Krimskrams. Am besten räumen Sie die Sachen immer gleich weg.

TIPPS & TRICKS

- Lassen Sie Putztücher immer gut trocknen, damit sich darin keine Bakterienkolonien entwickeln können. Also auf keinen Fall zusammenknüllen und liegen lassen, sondern immer schön aufhängen, am besten über den Rand des Putzeimers.
- Machen Sie sich nicht an sonnigen Tagen ans Fensterputzen. Die Wärme der Sonnenstrahlen lässt das Wischwasser zu schnell verdunsten und es entstehen Streifen.
- Erledigen Sie das Staubwischen auf jeden Fall vor dem Staubsaugen. Denn beim Staubwischen fallen eine ganze Menge Staubpartikel auf den Boden, die Sie dann einfach mit einsaugen können. In umgekehrter Reihenfolge machen Sie sich nur doppelte Arbeit.
- Auch Zimmerpflanzen sind gut fürs Raumklima. Sie reinigen die Luft und produzieren Sauerstoff. Außerdem bringen sie noch ein bisschen Natur und Wohnlichkeit ins Zimmer. Erkundigen Sie sich aber vorher bei einem Fachmann, welche Pflanze sich für Ihre Raumsituation (hell oder dunkel, feucht oder trocken, warm oder kühl) eignet.

Meine Mami wäre stolz auf mich!

Zum Glück können mich meine Kumpels so nicht sehen …

Der Hausputz

So werden Sie zum „Saubermann"!

DIE BODENPFLEGE

Zu einem Zuhause mit Wohlfühlfaktor gehören natürlich auch saubere und gepflegte Böden. Sie brauchen besonders viel Aufmerksamkeit, was Sauberkeit und Hygiene betrifft. Auf Fußböden und Teppichen sammelt sich der meiste Staub und Schmutz an, weil den ganzen Tag auf ihnen herumgetrampelt wird. Wenn man nicht regelmäßig etwas dagegen tut, bekommt man schnell Besuch von unliebsamen Hausgenossen wie Silberfischchen, Ameisen oder sogar Schaben auf der Suche nach einer schnellen Mahlzeit.

Außerdem tun Sie auch etwas für Ihren Geldbeutel, wenn Sie Ihre Böden einigermaßen sauber halten, denn Sie verlängern so deren Leben. Staub und Schmutzpartikel schaden allen Fußbodenbelägen: Bei Teppichen dringen sie auf Dauer tief ins Gewebe und „zerreiben" die Fasern, auf Hartböden schleifen sie nach und nach die obersten Schichten ab, machen sie stumpf und hinterlassen Kratzer. Deshalb zeigen wir Ihnen, was Sie tun können, um Ihre Böden über die Jahre zu bringen.

SAUGEN AUF TEPPICH- UND HARTBÖDEN

Meist reicht schon regelmäßiges Staubsaugen aus, um die Böden sauber zu halten. Haben Sie noch einen von den guten alten Teppichklopfern? Dann schicken Sie ihn in Rente, denn mit dem Staubsauger haben Sie's wesentlich einfacher. Und ganz nebenbei schonen Sie den Teppichflor, der beim Ausklopfen schnell beschädigt werden kann. Der Staubsauger ist auch für alle Hartböden geeignet. Achten Sie nur darauf, Holzböden entlang der Maserung zu saugen.

So saugen Sie effektiv und Kräfte sparend:

- Lesen Sie sich die Gebrauchsanweisung Ihres Staubsaugers genau durch, bevor Sie ihn das erste Mal bedienen!
- Vor dem Saugen kurz den Boden nach Gegenständen absuchen, die klein genug sind, um aufgesaugt zu werden, aber groß genug, um das Saugrohr zu verstopfen (z. B Kleingeld oder Socken). Und wenn Sie ein kleines Haustier haben, einen Vogel oder einen Hamster beispielsweise, sollten Sie sich vergewissern, dass dieser in Sicherheit vor Ihnen ist.
- Am meisten Schmutzpartikel erwischen Sie, wenn Sie langsam und gleichmäßig saugen. Bei tiefer liegenden Partikeln fahren Sie mehrmals über die entsprechende Stelle.
- Wechseln Sie den Staubbeutel regelmäßig aus. Der Staubsaugermotor muss sonst unnötig viel leisten, weil die Poren des Beutels verstopft sind und die Saugleistung nachlässt. Heutzutage zeigen die meisten Geräte es an, wenn ein Wechsel nötig ist.
ACHTUNG: Vorher immer das Gerät ausschalten und den Stecker aus der Steckdose ziehen!
- Wollmäuse oder anderen gröberen Schmutz können Sie auch einfach mal zwischendurch mit einem statischen Staubtuch auffangen oder mit einem von diesen praktischen Handstaubsaugern aufsaugen.

Jede Menge Zubehör ...

... gibt es für die meisten Staubsauger zu kaufen. Tun Sie dieses Angebot nicht gleich als Geldmacherei ab – einige der „kleinen Helfer" können Ihnen so manchen Arbeitsschritt beim Saugen um ein Vielfaches erleichtern! Investieren Sie fünf Minuten Ihrer Zeit, um in der Gebrauchsanweisung Ihres Staubsaugers nachzulesen, wofür die einzelnen Teile geeignet sind und wie man sie verwendet – es lohnt sich! Im Normalfall gibt es die folgenden Zubehörteile:

- Kombidüse: Die gehört meistens zur Grundausstattung. Sie hat einen Kippschalter, mit dem Sie die Düse entweder für Teppich- oder für Hartböden einstellen können. Besonders bei Hartböden ist es sehr wichtig, dass Sie darauf achten, die richtige Schalterstellung zu verwenden. Sonst schieben Sie die kleinen Steinchen, die Sandkörner und anderen Schmutzpartikel mit der eingebauten Teppichbürste durch die Gegend, anstatt sie einzusaugen. Und das kann auf Hartböden sehr unschöne Kratzer hinterlassen.
- Hartbodendüse: Wenn Sie die haben, entfällt das ständige Umschalten des Kippschalters. Auf Hartböden verwenden Sie dann einfach die Hartbodendüse, auf Teppichböden die Kombidüse mit der eingebauten Bürstenfunktion.
- Polsterbürste: Eine tolle Erfindung für alle Polstermöbel. Egal ob Couch, Matratze oder Kissen, mit der bekommen Sie Staub, Krümel und sogar Hunde- und Katzenhaare leicht weg.
- Fugendüse: Mit diesem praktischen Zusatzteil kommen Sie in kleinste Ritzen und Spalten Ihrer Wohnung.

PFLEGEN VON HARTBÖDEN

Egal ob Laminat, Kork, Fliesen, Stein- oder Holzboden – alle Hartböden müssen hin und wieder auch mal feucht gewischt werden, um angetrockneten Schmutz oder Schlieren zu beseitigen. Dafür brauchen Sie einen Putzeimer, einen Wischmopp oder einen Wischer mit Putzlappen und Schmierseife. Schmierseife reicht vollkommen aus, um Hartböden aller Art sauber zu bekommen, Sie können aber natürlich auch ein passendes Reinigungsmittel verwenden. Der Vorteil von diesen Bodenreinigern ist, dass sie nicht nur säubern, sondern meist auch pflegen. Lassen Sie sich vorher aber auf jeden Fall im Fachhandel beraten, welches Mittel für Ihren Hartboden am besten geeignet ist und wie man es anwendet. Wischen Sie auf jeden Fall nur nebelfeucht – Hartböden sind oft sehr empfindlich und durchfeuchten schnell!

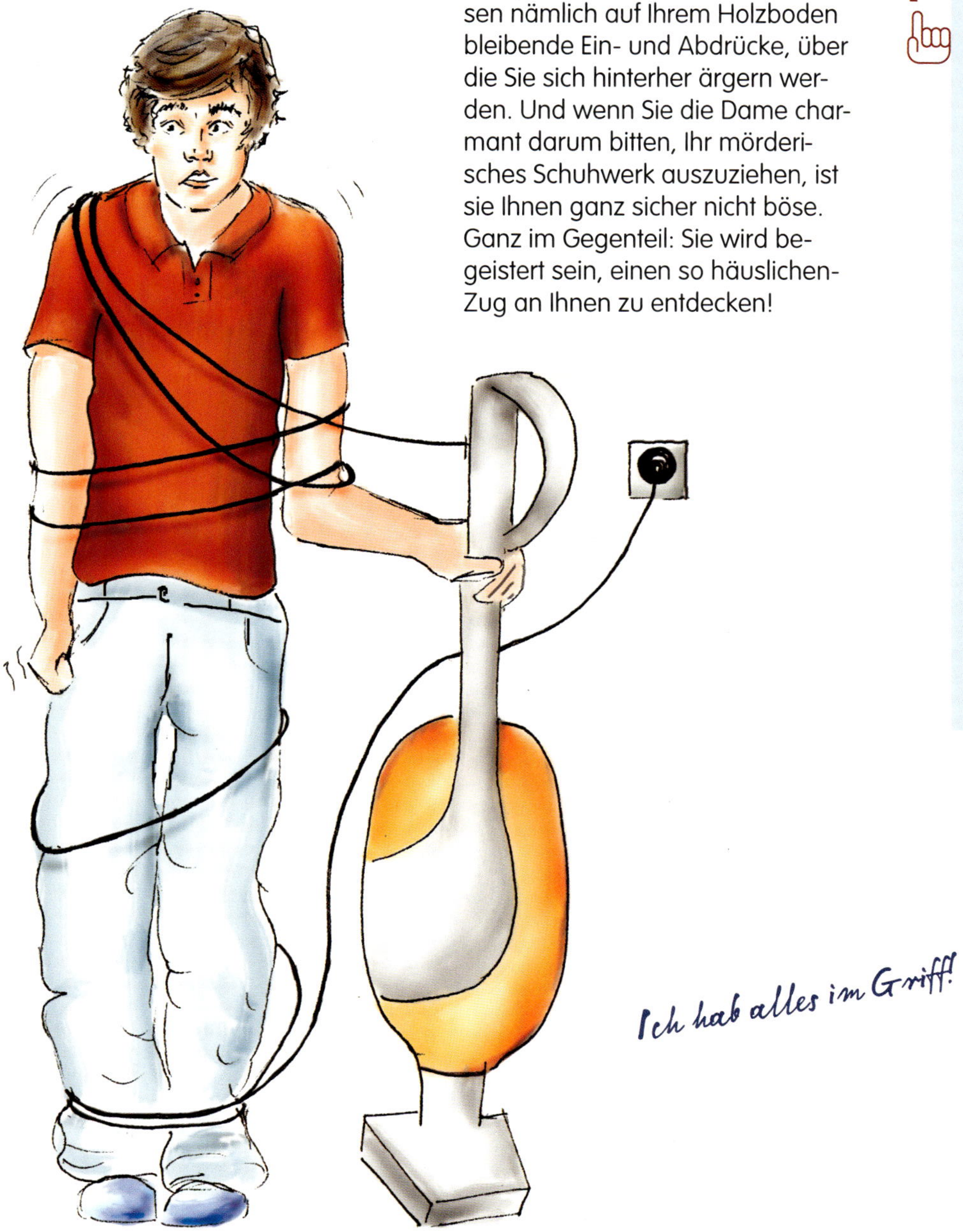

Was Sie sonst noch speziell über Holzböden wissen sollten:

→ Möbelstücke, die über einen Holzboden gezogen werden (z. B. Stühle, die zurechtgerückt werden), verursachen hässliche Kratzer, die Sie schwer wieder wegbekommen. Dabei lässt sich das Ganze so einfach vermeiden: Kleben Sie unter jedes Stuhl-, Tisch- oder Couchbein einen selbstklebenden Filzgleiter. Ihr Parkett wird es Ihnen danken!

→ Sie haben Damenbesuch? Aber bitte nicht mit hochhackigen Pumps oder Stilettos! Die hinterlassen nämlich auf Ihrem Holzboden bleibende Ein- und Abdrücke, über die Sie sich hinterher ärgern werden. Und wenn Sie die Dame charmant darum bitten, Ihr mörderisches Schuhwerk auszuziehen, ist sie Ihnen ganz sicher nicht böse. Ganz im Gegenteil: Sie wird begeistert sein, einen so häuslichen Zug an Ihnen zu entdecken!

TIPPS & TRICKS

- Am besten fangen Sie den gröbsten Schmutz schon mit Schmutzfangmatten an allen Türen, die nach draußen führen (auch vor der Balkon- bzw. Terrassentür), ab. Damit halten Sie sich schon einen Großteil an Staub und Schmutz vom Leib.
- Praktischer Staubsauger-Trick: Wenn Ihnen kleine Gegenstände wie Münzen oder Ringe unter einen Schrank oder in eine kleine Bodenfuge gerollt sind, brauchen Sie nicht auf dem Boden herumzukrabbeln, um diese wiederzubekommen. Stülpen Sie einfach einen Nylonstrumpf über die Staubsaugerdüse und saugen Sie drauflos. Die Gegenstände bleiben im Strumpf hängen und müssen nur noch abgezupft werden.
- Sie haben unschöne Abdrücke von schweren Möbeln auf Ihrem Teppichboden? Kein Problem: Legen Sie in jeden Abdruck einen Eiswürfel und lassen Sie ihn schmelzen. Dabei quellen die Teppichfasern auf und richten sich wieder auf, wenn Sie drübersaugen.
- Getränk verschüttet? Da heißt es schnell handeln! Wischen Sie verschüttete Flüssigkeiten – egal ob Kaffee, Wein, Saft oder Wasser – so schnell wie möglich gründlich auf – so können Sie Ränder und Flecken auf Ihren Böden von vornherein vermeiden.
- Wischen Sie Ihre Hartböden immer direkt nach dem Saugen. Dann müssen Sie sich mit viel weniger Flusen, Haaren und losem Schmutz herumärgern, der sich im Wischtuch verfängt.

Das Bad
… und wie Sie es ruck, zuck zum Glänzen bringen!

Wie in der Küche muss auch im Badezimmer ganz besonders auf Hygiene geachtet werden, denn wo es feucht und warm ist, fühlen sich Bakterien und Schimmelpilze besonders wohl. Durch die hohe Luftfeuchtigkeit und den ständigen Gebrauch von Wasser am Waschbecken, in der Dusche oder der Badewanne bilden sich außerdem in null Komma nichts fiese Kalkflecken, die einem schwer zu schaffen machen können.

Aus diesem Grund ist das Badputzen eine der unbeliebtesten Arbeiten, die im Haushalt anfallen – besonders bei den Herren. Tja, hätten diese Putzmuffel doch nur uns gefragt! Denn mit unseren Tipps für ein sauberes und hygienisches Bad geht die Putzerei schnell und einfach von der Hand.

Auf der ersten Hausputz-Seite haben wir Ihnen bereits alle Utensilien aufgezählt, die Sie für den Hausputz brauchen. Fürs Badezimmer brauchen Sie davon vor allem die Mikrofasertücher, einen Essig- oder Allzweckreiniger und einen WC-Reiniger.

Generell gilt: Vorbeugen ist besser als Schrubben! Alle Oberflächen, die häufig mit Feuchtigkeit in Berührung kommen, sind anfällig für Schmutz- und Kalkbeläge. Wenn Sie nicht regelmäßig etwas dagegen tun, bekommen Sie die Beläge nur noch unter enormen Anstrengungen weg. Also, warum das Ganze nicht einfach umgehen, indem Sie einfach vorbeugen?

Wenn Sie

1. nach jedem Benutzen von Waschbecken, Dusche & Co. die Flächen kurz mit einem sauberen Mikrofasertuch trocken reiben und

2. ein bisschen darauf achten, Ihre Sanitäranlagen regelmäßig zu säubern,

verhindern Sie die Entstehung unansehnlicher Schmutz- und Kalkbeläge von vornherein! Das spart Ihnen auf Dauer eine Menge Zeit und Nerven!

WASCHBECKEN, DUSCHE, BADEWANNE UND FLIESEN

Die meisten Waschbecken und Badezimmerfliesen bestehen aus Keramik, Duschtassen und Badewannen normalerweise aus emailliertem Stahlblech oder Acryl. Alle diese Materialien haben eines gemeinsam: Sie sind äußerst pflegeleicht! Sie brauchen dafür keine scharfen Reinigungsmittel oder grobe Putzschwämme, welche die Oberflächen angreifen können. Mit einem Essig- oder milden Allzweckreiniger und einem Mikrofasertuch lassen sie sich – bei regelmäßigem Putzen – ohne Probleme säubern und bewahren auf Dauer ihren Glanz.

Duschtrennwände können hingegen – je nach Material – sehr empfindlich sein. Duschwände aus Glas können Sie ohne Probleme wie jede andere Glasfläche reinigen. Vorsicht jedoch bei Trennwänden aus Kunststoff: Auf keinen Fall mit Reinigern putzen, die Lösungsmittel enthalten! Die greifen die Oberflächen an, machen sie stumpf und blind. Sogar Essigreiniger und die meisten Allzweckreiniger sind für solche Trennwände oft zu aggressiv. Am besten verwenden Sie die gute alte Schmierseife oder Sie erkundigen sich beim Hersteller nach dem richtigen Mittel.

Duschvorhänge: Noch einfacher haben Sie es, wenn Sie einen Duschvorhang haben. Die meisten Duschvorhänge sind maschinen-

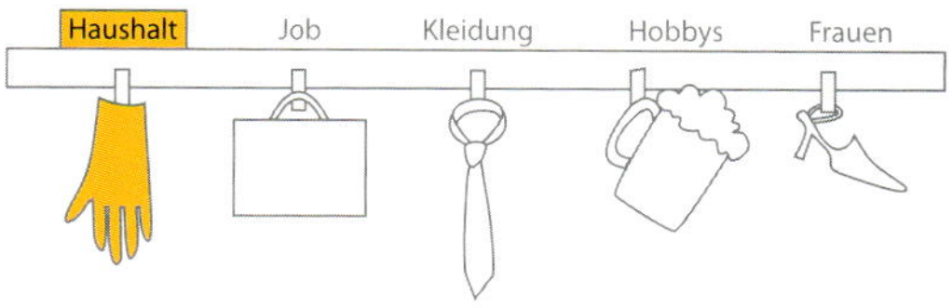

waschbar. Also einfach abhängen, auf das Pflegeetikett schauen und nach Anweisung waschen. Anschließend feucht aufhängen und trocknen lassen.

DIE ARMATUREN

Verchromte Armaturen bekommen Sie mit einem einfachen Essigreiniger sauber. Bei hartnäckigeren Kalkablagerungen hilft fast immer, ein Tuch mit billigem Haushaltsessig zu tränken und um die Armatur zu wickeln.

ACHTUNG: Bei beschichteten Armaturen auf keinen Fall mit Essig oder Essigreiniger arbeiten, weil er die Beschichtung zerstört! Dafür brauchen Sie ein Spezialpflegemittel. Fragen Sie entweder beim Hersteller nach oder lassen Sie sich im Fachhandel beraten.

Perlstrahler von Wasserhähnen sollten Sie ab und zu abschrauben und von Kalkablagerungen säubern. Wenn Sie diese vor lauter Kalkverkrustungen gar nicht mehr abschrauben können: Einfach einen sauberen Joghurtbecher mit Ihrem üblichen Reinigungsmittel füllen und mit Klebeband am Wasserhahn befestigen. Normalerweise müsste sich der Perlstrahler schon am nächsten Tag vom Hahn lösen und säubern lassen.

DIE TOILETTE

Das „stille Örtchen" ist zwar nicht die eklige Keimschleuder, für die es viele halten, aber auf ein gesundes Maß an Sauberkeit und Hygiene muss geachtet werden. Deshalb sollten Sie Ihrer Toilette auf jeden Fall einmal pro Woche eine Reinigung mit WC-Reiniger und Klobürste für das Innere sowie mit Allzweckreiniger und Putztuch für das Äußere und den WC-Sitz gönnen.

Der regelmäßige Gebrauch der Toilettenbürste sollte sowieso für jeden eine Selbstverständlichkeit sein. Halten Sie die Bürste deshalb so sauber wie möglich und wechseln Sie diese bei Bedarf aus. Oder Sie kaufen sich eine Toilettenbürste mit auswechselbarem Kopf – gut für die Umwelt und die Haushaltskasse.

DER STEHPINKLER

Auch wenn Sie es nicht hören wollen, liebe Männer:
Es ist eine nachgewiesene Tatsache, dass die Toilette um ein Vielfaches sauberer und hygienischer ist, wenn sich die Herren der Schöpfung auch bei den kleinen „Geschäften" hinsetzen. Da hilft alles Können nichts – im Stehen geht ganz einfach viel daneben!

Das glauben Sie nicht? Dann machen Sie doch mal die Probe aufs Exempel: Legen Sie bei Ihrer nächsten gekonnten Aktion ein wenig Zeitungspapier auf den Boden um die Toilettenschüssel. Und dann schauen Sie sich nach Ihrem „Geschäft" den Toilettensitz, den umliegenden Boden und die Wand dahinter mal genauer an. Na, verbreitet sich das Zeug nicht phänomenal um die Toilette herum?

Und für alle Herren, die sich selbst dadurch nicht zu Sitzpinklern bekehren lassen:
Wenn Sie weibliche Mitbewohner haben, sollten Sie aus Rücksicht auf die Damenwelt zumindest den Toilettendeckel beim Benutzen hochklappen, um wenigstens die Klobrille vor dem gröbsten Spritzangriff zu schützen. Das anschließende Herunterklappen gehört natürlich auch dazu. Und dass SIE dann die Toilette putzen, ist ja wohl Ehrensache, oder?

TIPPS & TRICKS

- Lassen Sie Handtücher nicht zusammengeknüllt in der Ecke oder auf dem Bett liegen, sondern hängen Sie diese zum Trocknen auf. Schimmel bildet sich schneller, als Sie denken!
- Durch die hohe Luftfeuchtigkeit kommt es im Bad trotz ausreichender Hygiene und regelmäßigem Lüften zu Schimmelflecken. Besonders in den Silikonfugen von Waschbecken und Duschen hat man damit zu kämpfen. Probieren Sie zuerst mal, den Schimmel mit Haushaltsessig abzubürsten. Wenn das nicht hilft, lassen Sie sich im Fachhandel beraten, was Sie dagegen tun können.
- Der Umwelt und Ihrem Geldbeutel zuliebe: Lassen Sie beim Zähneputzen nicht den Wasserhahn laufen. In einer Minute rauschen dabei ca. sechs Liter sinnlos den Abfluss hinunter! Das muss doch nicht sein, oder?

Übrigens:
Unterschätzen Sie auf keinen Fall, wie wichtig das „Händewaschen danach" ist! Natürlich immer mit Seife, sonst können Sie es sich gleich sparen. Dazu gehört natürlich auch, die Handtücher regelmäßig zu wechseln – ständiges Händewaschen bringt gar nichts, wenn man sich danach die Hände an einem drei Wochen alten Handtuch abtrocknet!

Wussten Sie ...
dass laut einer EMNID-Umfrage deutsche Männer, wenn es ums Toiletteputzen geht, furchtbare Putzmuffel sind? Das überlassen sie doch lieber ihren Müttern, Frauen oder Partnerinnen. Sobald sie aber das Putzen aus irgendwelchen Gründen selbst übernehmen müssen, werden sie in den meisten Fällen innerhalb kürzester Zeit wie durch ein Wunder zu Sitzpinklern! Woran das wohl liegen mag?

Die Hausapotheke

Echte Männer gehen nicht zum Arzt, oder doch?

Eine kleine, sinnvoll zusammengestellte Hausapotheke gehört auf jeden Fall in jeden Haushalt – gerade zu Hause passieren die meisten Unfälle! Mit einer Hausapotheke können Sie jederzeit Erkältungen, Magen- oder Kopfschmerzen, Schürfwunden oder kleine Verbrennungen selbst behandeln und im Notfall Erste Hilfe leisten.

Auf jeden Fall sollten Sie sich in Bezug auf Ihre persönliche Hausapotheke von einem Apotheker oder Ihrem Arzt beraten lassen. Er kann Ihnen helfen, Ihre Hausapotheke optimal auf die Bedürfnisse der in Ihrem Haushalt lebenden Personen abzustimmen. Dennoch gibt es einige Utensilien, die immer in eine Hausapotheke gehören.

TIPPS & TRICKS

- Notieren Sie auf jedem Arzneimittel das Einkaufs- bzw. Öffnungsdatum. Augentropfen können Sie beispielsweise meist nach dem Öffnen nur vier Wochen lang verwenden.
- Bewahren Sie den Beipackzettel immer gemeinsam mit dem jeweiligen Medikament, am besten in der Originalverpackung, auf. So können Sie jederzeit nochmal alles Wichtige nachlesen.
- Lesen Sie die Aufbewahrungsempfehlungen und Haltbarkeitshinweise des Herstellers immer gründlich durch.
- Einnahmevorschriften im Beipackzettel müssen Sie immer genau befolgen!
- Arzneimittelreste niemals verwenden, sondern sofort entsorgen!
- Zweimal im Jahr (z. B. im Frühjahr und Herbst) sollten Sie Ihre Hausapotheke ausmisten. Entsorgen Sie alle abgelaufenen oder überflüssigen Flaschen, Tuben und Schächtelchen. Auch Medikamente, denen das Etikett oder die Packungsbeilage fehlt oder die sich äußerlich verändert haben (z. B. eingetrocknete Salbe), gehören aussortiert. Achten Sie aber unbedingt darauf, dass alle Dinge, die Sie für den Notfall brauchen, komplett vorhanden sind. Wenn nötig, muss das eine oder andere eben nachgekauft werden.
- Aussortierte Arzneimittel können Sie kostenlos bei jeder Apotheke abgeben, wo diese fachgerecht entsorgt werden.

GRUNDLEGENDE „BAUSTEINE", DIE IN KEINER HAUSAPOTHEKE FEHLEN SOLLTEN:

Der Verbandskasten (nach DIN 13164)

- 1 Heftpflaster, 5 m x 2,5 cm
- 8 Wundschnellverbände, 10 cm x 6 cm (umgangssprachlich: Pflaster)
- 3 Verbandspäckchen, mittel
- 1 Verbandspäckchen, groß
- 2 Verbandstücher, 40 cm x 60 cm
- 1 Verbandstuch, 60 cm x 80 cm
- 2 Fixierbinden, 6 cm x 4 m
- 3 Fixierbinden, 8 cm x 4 m
- 1 Rettungsdecke
- 6 Kompressen, 10 cm x 10 cm
- 2 Dreieckstücher
- 1 Erste-Hilfe-Schere
- 4 Einmalhandschuhe
- 1 Anleitung zur Ersten Hilfe bei Unfällen

ACHTUNG

Alle Produkte zur Wundversorgung, dazu gehören die Wundschnellverbände, die Verbandspäckchen, die Verbandstücher und die Kompressen, müssen Sie nach Ablauf des Verfalldatums auswechseln.

Medikamente und Hilfsmittel, die Sie immer im Haus haben sollten

- Schmerztabletten
- Erkältungsmittel gegen Husten, Schnupfen, Hals- und Ohrenschmerzen
- Medikamente, die Ihnen vom Arzt zum regelmäßigen Gebrauch verschrieben worden sind
- leichtes Beruhigungsmittel (z. B. Baldriantropfen)
- Desinfektionsmittel für kleinere, oberflächliche Wunden
- Gel gegen Insektenstiche
- Brand- und Wundgel
- Salbe gegen Verstauchungen, Zerrungen und Prellungen
- Pinzette, um Splitter zu entfernen
- Fieberthermometer (eventuell ein Ohrthermometer für Kinder)
- Wärmflasche
- Augenklappe
- Gummi- oder Lederfingerling
- Kühlkompresse für Verstauchungen (im Kühlschrank aufbewahren)
- Notfalladressen und -telefonnummern (z. B. Polizei, Feuerwehr, Krankenwagen, nächstes Vergiftungszentrum, Hausarzt, Apotheke, usw.)

ZUR AUFBEWAHRUNG VON ARZNEIMITTELN

Eine Hausapotheke darf ihren Platz auf keinen Fall im Badezimmer oder der Küche haben, meist eignen sich Schlafzimmer oder Flur am besten dafür. Medikamente müssen immer an einem trockenen, kühlen und dunklen Ort aufbewahrt werden, weil sie sich durch Feuchtigkeit und Wärme verändern können.

Setzen Sie Medikamente keinesfalls direkter Sonneneinstrahlung aus – nicht zuletzt, weil treibgashaltige Spraydosen bei Hitzeeinwirkung explodieren können. Achten Sie hierbei auch immer auf die Hinweise auf der Verpackung oder auf die Gebrauchsanweisung des jeweiligen Arzneimittels.

Außerdem dürfen Kinder oder auch verwirrte ältere Menschen keinen Zugang zur Hausapotheke haben, außer vielleicht zu Kinderpflastern. Also nicht die Nachttischschublade dafür „missbrauchen"! Am besten eignen sich dafür spezielle abschließbare Apothekenschränkchen.

SO LEISTEN SIE ERSTE HILFE

Die vielen kleinen Unfälle im Alltag, wer kennt sie nicht? Sie passieren uns, wo immer wir gehen und stehen. Meist sind sie nicht schlimm, würden aber oft viel schneller und besser verheilen, wenn wir sie vor Ort verarzten könnten. Viele haben jedoch in Bezug auf Erste Hilfe ein gefährliches Halbwissen, das die Verletzung sogar verschlimmern kann. Das muss nicht sein! Hier sind fünf der häufigsten Alltagsverletzungen und wie man sie im ersten Moment behandelt.

Schürfwunden

Meist sind sie absolut harmlos. Aber auch die oberflächlichste Wunde kann sich ohne richtige Wundbehandlung infizieren und Ihnen ganz schön Probleme bereiten. Deshalb:

1. So schnell wie möglich mit klarem Wasser reinigen. Hartnäckigen Schmutz vorsichtig entfernen.
2. Mit dem Präparat zur Wunddesinfektion aus Ihrer Hausapotheke desinfizieren.
3. Schürfwunden heilen am besten an der Luft. Deshalb wenn möglich die Wunde offen lassen. Bedecken Sie diese nur mit einem Pflaster aus dem Verbandskasten, wenn es nötig ist (z. B. unter Kleidung, die an der Wunde reibt).
4. Falls sich die Wunde doch infiziert, eitert oder nässt, suchen Sie einen Arzt auf.

Kleine Schnittwunden

1. Blutung mit einem sauberen Tuch stoppen.
2. Unter fließendem Wasser reinigen. Eine Desinfektion ist meist nicht nötig, weil das ausströmende Blut Fremdkörper, Bakterien und Schmutz wegspült.
3. Pflaster quer zur Schnittrichtung auftragen, der Klebestreifen darf dabei nicht in Kontakt mit der Wunde kommen.
4. Falls die Wunde nicht innerhalb kürzester Zeit verheilt, zeigen Sie die Verletzung einem Arzt.

ACHTUNG: Bei stark blutenden Wunden oder tieferen Schnitten legen Sie einen provisorischen Verband an und gehen so schnell wie möglich zum Arzt bzw. in die Notaufnahme!

Kleine Verbrennungen:

1. Hitzequelle entfernen.
2. Lassen Sie sofort kühles Leitungswasser (ca. 15° C) über die Verbrennung laufen, bis die Schmerzen deutlich nachlassen. Verwenden Sie dafür kein kaltes Wasser, Eis oder Eisspray, das kann zu Erfrierungen führen!
3. Mit einem Verbandstuch aus dem Erste-Hilfe-Kasten abdecken. ACHTUNG: Kein Öl, Mehl oder andere „Hausmittelchen" auf die Wunde aufbringen!
4. Zum Arzt gehen.

Verstauchungen, Zerrungen und Prellungen:

Halten Sie sich an die sogenannte PECH-Regel:

P – Pause: Betroffenen Körperteil, z. B. den Knöchel oder das Handgelenk, sofort ruhig stellen und jegliche weitere Belastung vermeiden.
E – Eis: Je nach betroffenem Körperteil zwei bis drei Stunden mit einer Kältekompresse oder Eis kühlen. Auch hier bitte darauf achten, dass diese nicht direkt auf die Haut gelegt wird wegen der Gefahr von Erfrierungen. Kühlung alle 20 Minuten kurz unterbrechen.
C – Compression: Legen Sie einen Kompressionsverband an, um die Ausbreitung von Blutungen und Schwellungen zu verhindern.
H – Hoch lagern: Lagern Sie den verletzten Körperteil hoch, wenn möglich über Herzhöhe. So wird der Rückfluss des Blutes verbessert. Und dann heißt es natürlich: Einen Arzt aufsuchen!

JOB

Sind Sie auch „mit Ihrem Büro verheiratet"? Dann sind Sie in guter Gesellschaft, denn einem Großteil der arbeitenden Bevölkerung – und ganz besonders den Männern – geht es ebenso. Und warum auch nicht? Schließlich verbringt man ja auch wesentlich mehr Zeit am Arbeitsplatz als zu Hause! Der Job ist für die meisten Erwerbstätigen einfach ein wichtiger Bestandteil ihres Lebens.

Darum gehört in ein Handbuch, das dem Mann von heute tatkräftig unter die Arme greifen möchte, auch ein Kapitel über die eine oder andere Stolperfalle im Joballtag. Wer kennt sie denn nicht, die üblichen Fettnäpfchen am Arbeitsplatz?

Da wäre zum einen das Fettnäpfchen Nummer 1, der Flirt am Arbeitsplatz. Oder Fettnäpfchen Nummer 2: Wie verhalte ich mich bloß gegenüber meinem Chef oder meinen Kollegen?

Andere wiederum haben gesundheitliche Probleme wie Kopf- oder Rückenschmerzen, die ihnen den Joballtag madig machen. Dabei lassen sich solche Probleme meist mit ein paar ganz einfachen Veränderungen am Arbeitsplatz beheben. Auch dafür haben wir ein paar gute Ratschläge zusammengetragen, die Ihnen bestimmt weiterhelfen.

... DAMIT ARBEITEN AUCH SPAß MACHT!

Daten sammeln
Meeting Do. 14 Uhr
Frau Meyer 18 Uhr
Treffen mit Ilka und Ruth
27.01. Dr. Dörr
Mutti anrufen

Kontaktbörse Büro

oder: Finger weg von der Kollegin!

Auch Sie haben bestimmt schon den einen oder anderen Büroflirt riskiert, geben Sie es ruhig zu! Was ist denn auch dabei, wenn sich aus einer Arbeits- eine Liebesbeziehung entwickelt?

Ja klar, in vielen Fällen klappt das alles auch ganz wunderbar. Aber manchmal stolpern die frisch Verliebten dann doch über einen der Fallstricke, welche die „Büroliebe" mit sich bringen kann. Welche das sind? Wir sagen es Ihnen.

Sie sollten es sich wirklich reiflich überlegen, bevor Sie sich auf eine Kollegin einlassen. Die Konsequenzen, mit denen Sie bei einer Liebesbeziehung im Büro immer rechnen müssen, können nämlich manchmal ganz schön unangenehm sein.

LASSEN SIE ALSO LIEBER DIE FINGER VON KOLLEGINNEN, WEIL ...

→ das Betriebsklima dadurch gefährdet wird. Das ungezwungene kollegiale Miteinander wird durch Beziehungen am Arbeitsplatz oft empfindlich gestört.

→ Getuschel sowie Klatsch und Tratsch über Sie und Ihre Herzensdame dann im Büro an der Tagesordnung sind. Und das ist nicht gerade ein schönes Gefühl.

→ Sie sich durch Neid, Missgunst – oder vielleicht sogar Frust einer Kollegin, deren Annäherungsversuche Sie immer ignoriert haben – im Handumdrehen mit Mobbingattacken konfrontiert sehen können.

→ in so einem Fall auch heute noch in manchen Unternehmen Abmahnung, Versetzung oder vielleicht sogar Kündigung drohen. Wollen Sie das wirklich riskieren?

→ Ihre Konzentration und Leistungsfähigkeit darunter leiden, was Ihr Chef sicher nicht gerne sieht.

→ zu viel Nähe für viele Beziehungen zur Belastung wird. Wenn Sie sich zu Hause und am Arbeitsplatz ständig sehen, geht die Spannung zwischen Ihnen und Ihrer Freundin um ein Vielfaches schneller verloren und Sie berauben sich gegenseitig Ihrer Freiräume.

→ Beziehungsprobleme trotz aller guten Vorsätze früher oder später doch mit in die Arbeit getragen und dort ausgefochten werden. Wie peinlich!

→ die seelische Belastung, der Sie ausgesetzt sind, wenn die Beziehung nicht funktioniert, enorme Ausmaße annehmen kann. Durch den fehlenden Abstand zur „Ex" wird die Zeit danach unter Umständen zur Hölle. Oftmals hilft da nur die Kündigung, um die Trennung verarbeiten zu können.

ZU SPÄT – AMORS PFEIL HAT SIE SCHON GETROFFEN

Was jetzt? Nur keine Bange, Sie sind in guter Gesellschaft! Trotz aller Probleme, die Beziehungen am Arbeitsplatz mit sich bringen, ist es dennoch eine Tatsache, dass jede dritte Beziehung in Deutschland am Arbeitsplatz ihren Anfang nimmt. Durch veränderte Arbeitsbedingungen arbeiten mehr und mehr Männer und Frauen immer länger zusammen, häufig auch am Wochenende.

Zum einen bleibt da nicht mehr viel Zeit fürs Privatleben und die Chancen, jemanden außerhalb der Firma kennenzulernen, gehen gegen null. Zum anderen lernt man einen Menschen durch gemeinsame Arbeit sehr intensiv kennen, erlebt seine Stärken und Schwächen in Stresssituationen unmittelbar und kann sich so ein Bild davon machen, ob man zusammenpasst. Und gemeinsame berufliche Interessen können einer Beziehung normalerweise auch nicht schaden.

Wenn es sich also absolut nicht vermeiden lässt, weil Frau Müller aus der Buchhaltung so unwiderstehlich ist oder Frau Schmidt im Sekretariat die längsten Beine der Welt hat, dann sollten Sie sich – auch in Ihrem eigenen Interesse – wenigstens an die folgenden Richtlinien halten, um schlimmere Konsequenzen Ihrer „Büroliebe" zu vermeiden:

→ Nicht mit der Vorgesetzten: Beziehungen zwischen verschiedenen Hierarchiebenen, also zwischen Untergebenen und Vorgesetzten, können problematisch sein. Meist entsteht dann automatisch ein Abhängigkeitsverhältnis zwischen Ihnen und Ihrer Auserwählten, ohne dass Sie es wollen.

So mancher Kollege reagiert in einer solchen Situation auch damit, dass er nicht mehr offen mit Ihnen sprechen möchte. Schließlich könnten Sie ja aus Versehen etwas Vertrauliches bei der Chefin ausplaudern. Auch wenn solche Unsicherheiten aufseiten der Kollegen meist unbegründet sind, kann man sie doch nachvollziehen, finden Sie nicht?

→ Nicht mit verheirateten Frauen: Abgesehen davon, dass dies sowieso nicht gerade ein Kavaliersdelikt ist, handeln Sie sich mit einer solchen Affäre auch garantiert früher oder später eine Menge Ärger mit dem gehörnten Ehemann ein. Das kann ganz schön ins Auge gehen – im wahrsten Sinne des Wortes ...

→ Nicht in der gleichen Abteilung: Es kann dem Teamgeist ganz schön zu schaffen machen, wenn Sie Ihre Abteilung zur Balzzone machen. In manchen Fällen ist ein professioneller Umgang zwischen den Geschlechtern dann fast nicht mehr möglich. Seien Sie mal ehrlich: Würden Sie sich etwa dabei wohlfühlen, wenn es am Arbeitsplatz zugehen würde wie am Samstagabend in der Singlebar?

→ Nicht an die große Glocke hängen: Posaunen Sie nicht gleich laut heraus, dass Sie mit der Kollegin auch privat einen „engen Kontakt" haben. Das schützt Sie vor Klatsch und Tratsch. Wenn sich die Beziehung allerdings als ernsthaft erweist, ist es besser, den Kollegen reinen Wein einzuschenken, um wilden Spekulationen über Ihr Liebesleben zuvorzukommen. Außerdem kann die Heimlichtuerei die Beziehung auch ganz schön belasten.

→ Nicht öffentlich herumturteln: Verliebte Blicke, Küsse und Händchen halten sind im Büro nicht besonders gern gesehen. Auch auf Turtel-E-Mails, Faxe oder Telefonate innerhalb der Firma sollten Sie verzichten. Das Betriebsklima kann durch öffentliche Liebesbekundungen gestört werden, weil Außenstehende solche Szenen oft als peinlich und unangebracht empfinden. Am besten trennen Sie Beruf und Privatleben voneinander. Außerhalb der Firma, sozusagen auf „neutralem Boden", lässt sich die Beziehung doch sowieso viel besser ausleben. Ach, und noch was: Private Streitereien tragen Sie doch bitte auch zu Hause aus. Es kommt nicht so gut an, wenn Sie sich im Büro mit Druckerpatronen bewerfen ...

→ Nicht von den Kollegen abkapseln: Isolieren Sie sich nicht von den Kollegen, weil Sie nur noch Augen und Zeit für Ihre neue Flamme haben. Der eine oder andere kommt sich dann vielleicht vernachlässigt vor. Sie haben Ihre Mittagspause vorher immer mit den beiden netten Azubis verbracht? Dann behalten Sie das auch danach so gut wie möglich bei.

→ Nicht über Firmen-Interna sprechen: Wenn Sie mit Ihrer Partnerin/Kollegin vertrauliche Informationen austauschen, welche die Firma oder Ihre Abteilung betreffen, kommt das irgendwann ans Licht. Und dann haben Sie sowohl bei Ihrem Chef als auch bei den übrigen Kollegen einen verdammt schlechten Stand, weil Sie deren Vertrauen missbraucht haben. Also lassen Sie lieber die Finger davon!

→ Nicht lästern: Wenn die Beziehung doch irgendwann in die Brüche gehen sollte, sollten Sie sich gegenüber Kollegen mit dem Lästern über die „Ex" vornehm zurückhalten. Ein wahrer Gentleman schweigt in einem solchen Fall, meine Herren! Außerdem begegnen Sie ihr ja noch regelmäßig auf dem Gang, in der Kantine oder beim Kopierer. Können Sie ihr dann wirklich noch offen in die Augen sehen, ohne ein schlechtes Gewissen zu haben?

Deshalb: Schwamm über die Sache. Das Leben geht weiter und eine neue Liebe wartet bestimmt schon an der nächsten Ecke auf Sie!

Fit im Büro

Für echte „Bürohengste"

Gehören Sie auch zu den Millionen von Büroangestellten, die tagein, tagaus auf den Computerbildschirm starren und sich mit Verspannungen und einem steifen Rücken herumplagen? Das muss nicht sein! Mit ein paar kleinen Tricks und Übungen können Sie diesen unangenehmen Bürobegleitern ein Schnippchen schlagen und Ihrem Job wieder körperlich entspannt und mit neuem Elan entgegensehen.

GUT GESESSEN IST HALB GEWONNEN

Oft liegt es nur an der falschen Sitzhaltung, dass man abends mit Kopf- oder Rückenschmerzen in den Feierabend geht. Das folgende sollten Sie hierbei beachten:

→ Schieben Sie den Bürostuhl so nah wie möglich an den Schreibtisch.

→ Die Rückenlehne so einstellen, dass sie den unteren Wirbelsäulenbereich stützt.

→ Die Sitzfläche nach vorn hin etwas abfallen lassen, um die aufrechte Wirbelsäulenhaltung zu unterstützen.

→ Wenn Ihre Unterarme auf dem Schreibtisch liegen, sollten Sie einen Winkel von 90° zu den Oberarmen haben. Dasselbe gilt für die Unter- und Oberschenkel. Die Füße stehen dabei komplett auf dem Boden.

→ Der Abstand zum Computerbildschirm sollte – je nach Bildschirmgröße – zwischen 45 und 80 cm liegen.

→ Stellen Sie Ihre Sitzhöhe so ein, dass die obere Zeile auf dem Bildschirm auf Augenhöhe liegt, sodass die Augen beim Arbeiten leicht nach unten schauen.

→ Wechseln Sie so oft wie möglich Ihre Sitzposition. So bleibt die Rückenmuskulatur in Bewegung und Verspannungen können gar nicht erst aufkommen.

BEWEGUNG IST DAS A UND O

Nicht nur richtiges Sitzen will gelernt sein. Auch bewusste Bewegungspausen sollten Sie regelmäßig in Ihre Arbeitsabläufe einbauen, um Körper und Geist auf Trab zu halten:

→ Stehen Sie öfter mal während der Arbeit auf – z. B. beim Telefonieren oder Akten sortieren – strecken und dehnen Sie dabei Ihre Rückenmuskulatur langsam und vorsichtig. Auch Ihre Nacken- und Schulterpartie sollten Sie hin und wieder behutsam dehnen, um Verspannungen vorzubeugen.
VORSICHT: Ruckartige oder mit Kraft ausgeführte Bewegungen können schnell zu schmerzhaften Zerrungen führen!

→ Frische Luft und ein bisschen Bewegung in der Mittagspause stellen einen optimalen Ausgleich zur Büroarbeit dar und können das sogenannte „Mittagstief" überbrücken. Ihre Zellen erhalten eine Dosis zusätzlichen Sauerstoff, der die Konzentrationsfähigkeit erhöht und den Kopf frei macht.

ESSEN HÄLT LEIB UND SEELE ZUSAMMEN

Bei der Arbeit kommt gesundes Essen oft viel zu kurz. Kannenweise Kaffee, ein fettiges Steak in der Mittagspause und zwischendrin den einen oder anderen Schokoriegel – nicht selten ist der Speiseplan mit Lebensmitteln gespickt, die sich negativ auf Ihr Wohlbefinden und Ihre Leistungsfähigkeit auswirken: Die Folge sind Müdigkeit, Konzentrationsstörungen, Lustlosigkeit oder Magendrücken. Dabei ist es so einfach, diesen Dingen aus dem Weg zu gehen:

→ Frühstücken Sie morgens etwas Leichtes, am besten etwas aus Vollkorn wie z. B. Brot oder Müsli. Das macht viel länger satt als Weißmehl und Sie fallen bis zur nächsten Pause in kein „Hungerloch".

→ Stellen Sie sich zusätzlich zu Ihrem Kaffee immer auch ein volles Glas mit Wasser, Tee oder Saftschorle an den Arbeitsplatz, damit Sie ständig daran erinnert werden, davon zu trinken. So vermeiden Sie, dass Ihr Wasserhaushalt zu stark absinkt und Ihre Konzentration in den Keller geht.

→ Machen Sie einen Bogen um schwere Speisen, die viel Fett enthalten. Deshalb müssen Sie ja nicht gleich komplett auf Ihr geliebtes Fleisch oder die Lieblingswurst verzichten. Achten Sie einfach nur darauf, magere Fleisch- und Wurstsorten zu wählen und sichtbare Fettränder immer vor dem Verzehr abzuschneiden.

→ Legen Sie im Laufe des Tages lieber ein paar kleine Zwischenmahlzeiten ein, als sich in der Mittagspause eine Riesen-Portion einzuverleiben, die Ihnen schwer im Magen liegt und müde macht.

→ Greifen Sie für Zwischenmahlzeiten öfter auch mal zu Obst. Das belastet nicht und liefert Ihnen gleichzeitig eine Menge Vitamine, die nicht nur gesund sind, sondern Ihnen auch einen Energieschub geben.

LASSEN SIE DIE MUSKELN SPIELEN!

Und jetzt noch etwas für die ganz Harten unter Ihnen, die nicht nur fit durch den Büroalltag kommen möchten, sondern nebenbei noch was für den Muskelaufbau tun wollen. Wie wär's mit ein paar Übungen für Arm-, Schulter- und Bauchmuskulatur?
Wer braucht da eigentlich noch ein Fitnessstudio?

Gestern hat mich die Anne doch glatt gefragt, ob ich jetzt ins Fitnessstudio gehe!

Übung 1: Ordner-Seitheben

Diese Übung kräftigt die Arm- und Schultermuskulatur und kann so Verpannungen entgegenwirken.

Nehmen Sie in jede Hand einen Aktenordner, lehnen Sie sich leicht nach vorne und lassen Sie die Arme hängen. Jetzt heben Sie beide Arme, bis sie waagrecht sind, halten das Ganze ein paar Sekunden und lassen die Arme dann wieder ab.

Machen Sie davon 3 Sätze à 10 Wiederholungen.

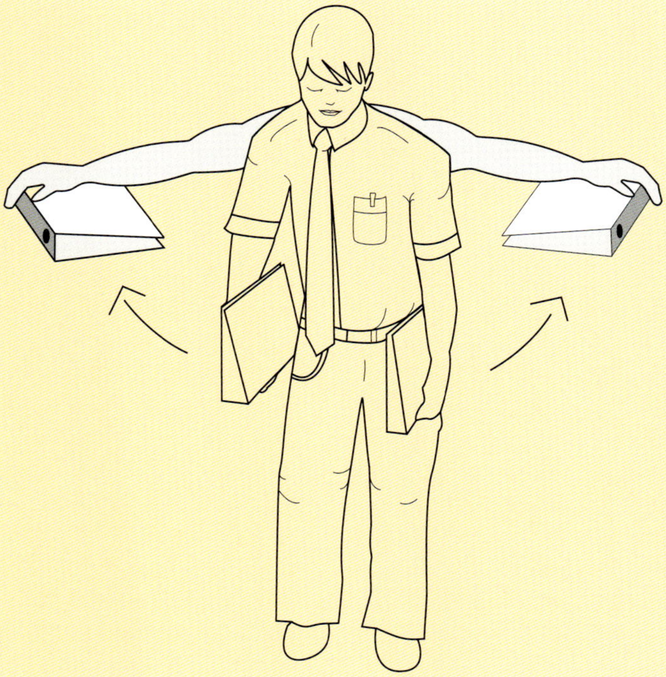

Übung 2: Bein-Streckbeugen

Mit dieser Übung bringen Sie besonders Ihre Bauchmuskeln in Schwung.

Holen Sie sich einen Stuhl mit Armlehnen und setzen Sie sich mit geradem Rücken an die Sitzkante. Nicht anlehnen – lassen Sie eine Lücke zwischen Rücken und Lehne. Jetzt halten Sie sich an den Armlehnen fest und strecken beide Beine gleichzeitig nach vorne aus. Dann die Knie an die Brust ziehen und wieder strecken, an die Brust ziehen, strecken, usw.

Davon machen Sie 3 Sätze mit 15 Wiederholungen.

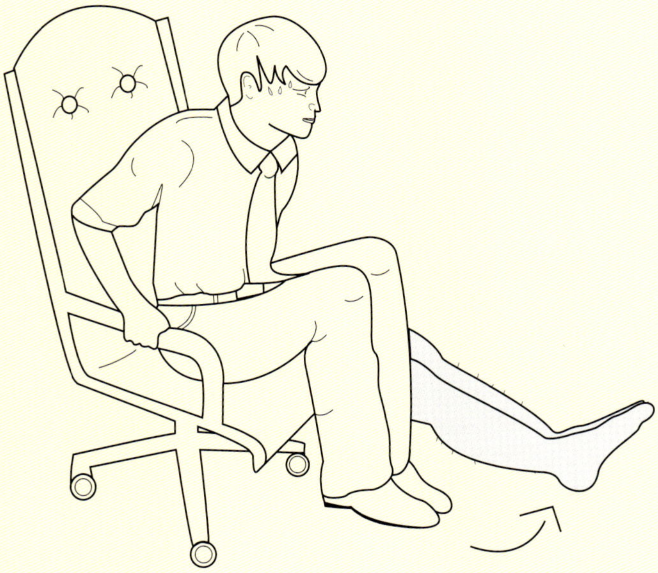

Gute Kinderstube im Büro

... dann klappt's auch mit den Kollegen

Wer macht sich schon gerne bei seinen Arbeitskollegen unbeliebt? Die meisten sind sich einig, dass Ihnen eine angenehme Arbeitsatmosphäre und ein gutes Miteinander sehr wichtig sind – schließlich verbringt man einen Großteil seines Lebens mit den Kollegen. Deshalb sind „gute Umgangsformen" am Arbeitsplatz immer gefragt. Hier sind ein paar Tipps, welche die Zusammenarbeit nicht nur leichter, sondern auch effektiver machen.

Arbeitsklau

Leider in vielen Firmen an der Tagesordnung: die Arbeit von Kollegen vor dem Chef als die eigene auszugeben. Auch wenn die Versuchung manchmal groß ist – denken Sie immer daran, wie Sie sich fühlen würden, wenn andere es mit Ihnen genauso machen würden!

Betriebsfeier

Egal ob Weihnachtsfeier oder Geburtstagsessen – halten Sie sich auf Betriebsfeiern mit alkoholischen Genüssen immer zurück! Wenn Sie auf so einer Feier im Kreise der Arbeitskollegen die Kontrolle über sich verlieren, werden Sie schnell zum Gespött der anderen. Respektpersonen werden so nicht geboren!

Bossing

Bossing bedeutet so viel wie „Mobbing von oben", also wenn der Chef seine Angestellten schikaniert. Suchen Sie in solchen Fällen erst einmal das Gespräch mit Ihrem Vorgesetzten. Schaltet er jedoch komplett auf Durchzug, suchen Sie sich am besten bei der vorgesetzten Stelle Ihres Chefs Hilfe.

Duzen

Klar ist auch, dass Sie niemanden ungefragt duzen. Wenn alle im Büro zum „Du" übergewechselt haben, macht es natürlich wenig Sinn, auf einem „Sie" zu bestehen. Haben Sie eines stets im Hinterkopf: „Du Arschloch" sagt sich leichter als „Sie Arschloch"! Und wer bietet wem das „Du" an? Generell gilt: Der Ältere bietet dem Jüngeren das „Du" an und der Ranghöhere dem Rangniedrigeren.

Feingefühl

Das läuft heute meist unter dem Stichwort „soziale Kompetenz" und ist mehr denn je in der Arbeitswelt gefragt. Man merkt ja relativ schnell, welche Eigenheiten der eine oder andere Kollege so an den Tag legt. Entwickeln Sie ein Gespür dafür, wie Sie am besten damit umgehen, ohne den anderen durch unachtsame Bemerkungen vor den Kopf zu stoßen. Schließlich wollen Sie ja noch eine Weile mit dem Kollegen zusammenarbeiten können.

Grüßen

Die typischen Begrüßungsformen wie „Guten Morgen" oder „Schönen Feierabend" sind natürlich selbstverständlich. Aber was ist mit dem bekannten „Mahlzeit"? Solche firmeninternen Floskeln sollten Sie aufgreifen. Das stärkt das Zusammengehörigkeitsgefühl und sorgt für ein angenehmes Arbeitsklima. Auch eine immer gern gestellte Frage: Wer grüßt zuerst? Halten Sie sich einfach an die Faustregel: Wer den anderen zuerst sieht, grüßt.

Handgreiflichkeiten

Ja, auch das gibt es hin und wieder mal im Büro: Zwei besonders schlimme Hitzköpfe meinen, aufeinander losgehen zu müssen. Aber so geht es nicht, meine Herren! Jeder, aber auch absolut jeder zwischenmenschliche Konflikt lässt sich auch gewaltlos lösen! Mehr gibt es dazu nicht zu sagen.

Handy

Private Mobiltelefone haben am Arbeitsplatz eigentlich sowieso nichts zu suchen. Zumindest sollten sie aber auf stumm geschaltet sein, um die Kollegen nicht zu stören. Auch ein auffälliger Klingelton kann ganz schön nerven. Verwenden Sie lieber nicht den neuesten Gassenhauer oder irgendein schrilles Geklingel, sondern lieber eine neutrale Variante.

Höflichkeit

Ohne höfliche Umgangsformen kommt man im Leben nicht weit. Der erste Eindruck bleibt und lässt sich nicht mehr korrigieren. Deshalb sind Eltern ja auch immer darauf aus, ihren Kindern so früh wie möglich die wichtigsten Umgangsformen beizubringen. Gerade in der Arbeitswelt ist ein höflicher, respektvoller Umgang miteinander Grundvoraussetzung für ein gutes Arbeitsklima. Möchten Sie etwa in einem Großraumbüro sitzen, in dem ständig „dicke Luft" herrscht? Also, sagen Sie ruhig mal „Danke" – es tut nicht weh und kostet kein Geld, hat aber eine große Wirkung.

Humor

„Humor ist, wenn man trotzdem lacht." Diesen Spruch kennen Sie bestimmt und wissen auch, was er bedeutet. Kollegen, die alles mit Verbissenheit angehen und nicht auch mal über sich selbst lachen können, sind nicht gerade beliebt. Eigentlich sind diese Leute zu bedauern. Lachen und gute Laune stecken an und schaffen ein positives Arbeitsklima.

Klatsch und Tratsch

Absolutes Tabu-Thema am Arbeitsplatz! Hinter ihrem Rücken über Kollegen zu lästern, ist nicht nur vollkommen unangebracht, sondern vergiftet auch die Arbeitsatmosphäre. Haben Sie das nötig?

Kleidung

Ganz einfache Regel: Passen Sie sich der allgemein herrschenden Kleiderordnung eines Betriebes so gut wie möglich an, ohne Ihrem eigenen Stil untreu zu werden. Alles, was aus dem Rahmen fällt, wird in den meisten Firmen nicht gern gesehen. Ganz zu schweigen von absoluten Kleidertabus wie weißen Socken zum schwarzen Anzug oder Krawatten, auf denen tanzende Schweinchen oder blinkende Herzen zu sehen sind.

Lob

An alle Chefs oder Abteilungsleiter da draußen: Verteilen Sie an Ihre Angestellten nicht nur Kritik, sondern ab und an auch mal ein ausdrückliches Lob. Das steigert die Motivation Ihrer Mitarbeiter ungemein und trägt zur positiven Grundstimmung in Ihrem Betrieb bei. Aber Achtung: Regelrechte Lobeshymnen auf einzelne Personen führen zu Neid und Missgunst. Permanentes Lob wird hingegen schon bald nicht mehr ernst genommen.

Übrigens: Auch der Chef ist nur ein Mensch und nimmt Lob genauso dankend an wie seine Angestellten.

Mobbing

Wenn Sie das Pech haben, von Ihren Arbeitskollegen gemobbt zu werden, sollten Sie nicht gleich zum Chef rennen, um sich zu wehren. Suchen Sie erst immer das Gespräch mit dem betreffenden Kollegen. Wenn der auf stur stellt und weiter gegen Sie hetzt, haben Sie allerdings keine andere Wahl und sollten Ihren Vorgesetzten darauf ansprechen. Am wirkungsvollsten ist meist ein klärendes Gespräch mit dem Kontrahenten und dem Vorgesetzten zusammen. Sie werden über die Reaktionen der Betreffenden bestimmt verblüfft sein!

Ordnung

Achten Sie darauf, dass Ihr Arbeitsplatz nicht im Chaos versinkt, auch wenn Sie keinen direkten Kontakt zu Kunden haben. Angetrocknete Kaffeeränder auf vergilbten Dokumenten oder fingerdicke Staubschichten auf Aktenordnern findet niemand schön. Außerdem kann man so Rückschlüsse auf Ihr Gespür für Ordnung und Professionalität ziehen.

Petzen

Schon im Kindergarten ist Petzen etwas absolut Verpöntes. Das ist auch im Erwachsenenleben so. Keiner mag Kollegen, die immer gleich zum Chef rennen, um andere anzuschwärzen. Verhalten Sie sich kollegial und denken Sie sich einfach Ihren Teil. Wenn es allerdings um gravierende Dinge geht, sollten Sie sich alle zusammen an einen Tisch setzen und das Ganze in aller Ruhe besprechen.

Pünktlichkeit

Pünktlichkeit ist im Arbeitsleben erstes Gebot – es führt kein Weg daran vorbei! Vergessen Sie niemals, dass Pünktlichkeit eine Form von Respektbezeugung ist. Wenn Sie zu einer geschäftlichen Verabredung zu spät kommen, signalisieren Sie somit indirekt, dass Ihnen Ihr Gegenüber nicht besonders wichtig ist.

Zeitmanagement

Jemand, der immer nur jammert, wie sehr er unter Stress steht, geht seinen Kollegen auf die Nerven und zeigt, dass er seine Arbeit nicht im Griff hat. Auch wenn Sie noch so sehr unter Zeitdruck stehen, verkneifen Sie sich das besser. Lassen Sie lieber zu Hause Dampf ab.

KLEIDUNG

Erinnern Sie sich noch an die guten alten 70er und 80er? Da sah man überall, wo man hinschaute, egal ob im Supermarkt, in der Apotheke oder an der Tankstelle, Männer, die ihren schlabbrigen Jogginganzug wie selbstverständlich zur Schau getragen haben, ohne sich was dabei zu denken. Diese Zeiten sind aber längst vorbei!

Keine Angst, meine Herren: In Ihren eigenen vier Wänden können Sie sich ruhig weiter in Jogginganzug und ausgelatschten Pantoffeln auf der Couch lümmeln. Aber wenn Sie das Haus verlassen, ist ein gepflegtes Erscheinungsbild für den Mann von Welt heute ein Muss.

Das bedeutet natürlich nicht, dass Sie sich jedes Mal, wenn Sie sich der Öffentlichkeit präsentieren, stylen sollen wie ein Männermodel auf dem Laufsteg. Das soll nur heißen, dass Sie auf ein paar grundlegende Dinge rund um Passform, Stil und Pflege Ihrer Kleidung achten sollten, um immer einen guten Eindruck zu hinterlassen.

DANN MAL RAN AN DIE KLAMOTTEN, MEINE HERREN!

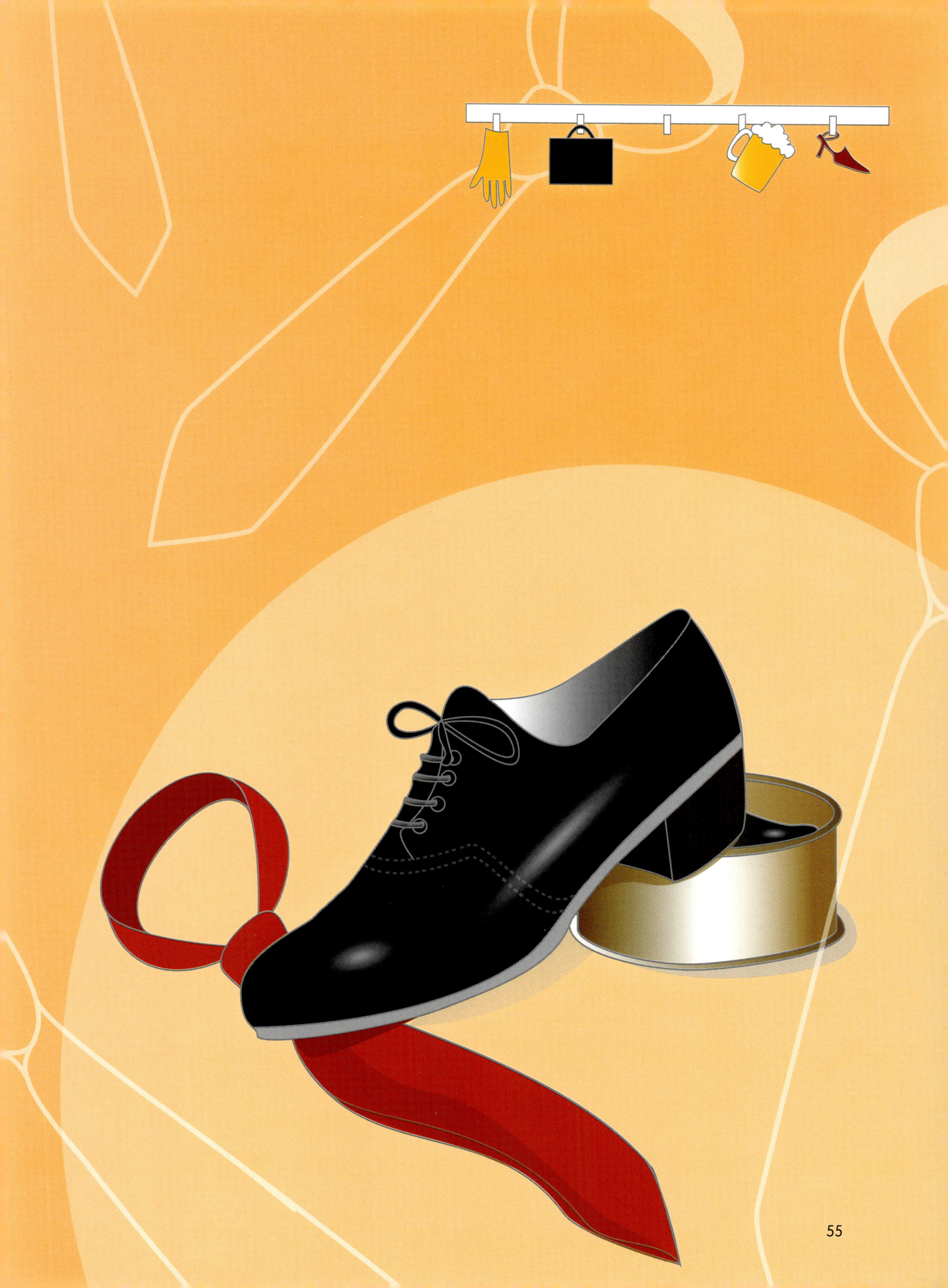

Kleine Figurenkunde

… damit die Klamotten wie angegossen passen

In Ihren Hemden sehen Sie aus wie eine Presswurst, weil Sie in letzter Zeit so viel Hanteltraining gemacht haben? Ihre Hosen schnüren Ihnen die Luft ab, weil Sie's über den Winter wohl ein bisschen zu gut gemeint haben mit den Süßigkeiten? Da hilft nur: Geldbeutel zücken und rein in die Herrenabteilung des nächsten Kaufhauses.

Und dann stehen Sie vor den vielen Ständern mit Hosen, Hemden & Co. und fragen sich mal wieder ratlos, welche Größe Ihnen passt, stimmt's? Das geht vielen Männern so. Grund genug für uns, Ihnen mit unserer Größen- und Figurberatung auf die Sprünge zu helfen.

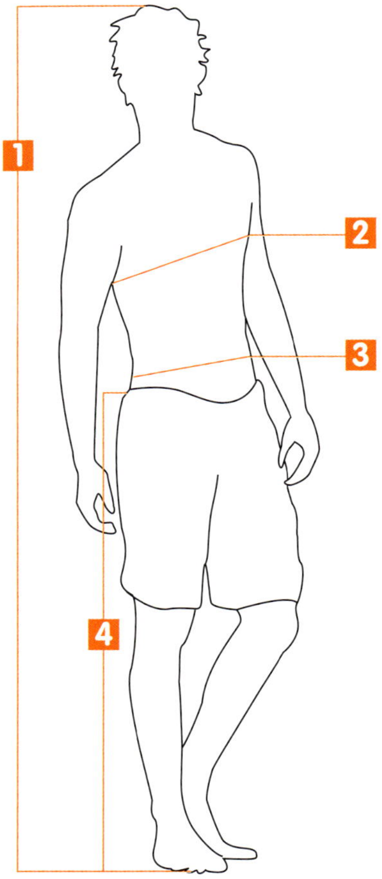

Um Ihre passende Größe für einen neuen Pullover, Anzug, Mantel usw. zu finden, gehen Sie wie folgt vor:

1. ERST MAL RICHTIG MESSEN

- Messen Sie dicht am Körper.
- Stellen Sie sich entspannt hin.
- Tragen Sie nur Unterwäsche, keine Schuhe.
- Wenn Ihnen dabei jemand hilft, geht's leichter.

1 **Körperhöhe:** an einen Türrahmen stellen und vom Scheitel bis zur Sohle messen

2 **Brustumfang:** unterhalb der Arme waagrecht über der stärksten Stelle der Brust um den Körper herum messen

3 **Bundweite (Taille):** waagrecht um die Taille herum messen, ohne dass das Maßband einschnürt

4 **Seitenlänge:** von der Oberkante des Hüftknochens (ohne Taille) bis zur Fußsohle messen

Was wollen Sie kaufen?	Dann brauchen Sie die Maße:
T-Shirts, Sweatshirts, Pullover	1 2
Jacken, Mäntel, Blousons	1 2
Hosen	3 4
Sakkos	1 2 3
Unterwäsche	1 2 3
Anzüge	1 2 3 4
Berufskleidung	1 2 3 4

ACHTUNG

Alle angegebenen Werte sind Richtwerte! Eine einheitliche Norm für Konfektionsgrößen gibt es nicht, weil nationale Körpermerkmale (z. B. sind Italiener im Durchschnitt kleiner als Deutsche), individueller Körperbau des Einzelnen und Firmenpolitik der verschiedenen Textilhersteller zu sehr voneinander abweichen. Absolute Passgenauigkeit kann es also nicht geben, denn das menschliche Individuum kann man nun mal nicht in eine Norm pressen.

TIPPS & TRICKS

- Wenn Sie zwischen zwei Größen liegen, ist es immer besser, wenn Sie zur größeren Größe greifen, damit es nicht irgendwo zwickt und zwackt. Darauf sollten Sie besonders bei Kleidungsstücken achten, die Sie leger tragen möchten wie z. B. bei T-Shirts.
- Sie wollen sich einen Anzug kaufen? Dabei kann es vorkommen, dass Sie Sakko und Hose getrennt voneinander kaufen müssen, weil Ihr Ober- und Unterkörper nicht die gleiche Größe haben. Machen Sie sich die Mühe auf jeden Fall, denn bei Anzügen ist die optimale Passform das A und O!

Als ob ICH so aus dem Haus gehen würde …!

2. SO FINDEN SIE IHREN FIGURTYP

Suchen Sie Ihre Körperhöhe, Ihren Brustumfang und/oder Ihre Bundweite in den Tabellen der vier Figurtypen. So finden Sie heraus, aus welcher Tabelle Sie Ihre Konfektionsgröße ermitteln können. Kleiner Tipp: Wenn Sie wie z. B. bei Hosen mehrere Maße brauchen und diese weichen zu sehr voneinander ab, orientieren Sie sich an dem höheren Maß. Ein bisschen leger ist immer besser als zu eng.

Typ 1 – Der normale Typ

- der Brustumfang ist deutlich größer als der Bundumfang

Internat. Größe	Konf.Größe
XS	40/42
S	44/46
M	48/50
L	52/54
XL	56/58
XXL	60/62
XXXL	64/66

*Die Inch- oder Zoll-Größe (1 inch = 2,54 cm) setzt sich aus der Bundweite (inch) und der Schrittlänge (inch) zusammen, z. B.: 28/30 Bundweite (inch)/Schrittlänge (inch).

Herren – Normalgrößen

Körperhöhe (cm) 1	Brustumfang (cm) 2	Bundweite (cm) 3	Seitenlänge (cm) 4	Inch-Größe (z. B. Jeans)*	Konf.-Größe
166–170	86-89	74–77	100–103	30/32	44
168–173	90-93	78–81	102–104	32/32	46
171–176	94-97	82–85	103–106	33/32	48
174–179	98–101	86–89	105–108	34/32	50
177–182	102–105	90–94	107–109	36/34	52
180–184	106–109	95–99	108–110	38/34	54
182–186	110–113	100–104	109–112	40/34	56
184–188	114–117	105–109	111–114	42/34	58
185–189	118–121	110–114	112–115	44/36	60
187–191	122–125	115–119	114–116	46/36	62
189–193	126–129	120–124	115–117	48/36	64
191–194	130–133	125–129	116–118	49/36	66

Typ 2 – Der schlanke Typ

- hoch gewachsener Körper
- schmale Schultern
- der Bundumfang ist etwas geringer als der Brustumfang

Herren – Schlanke Größen

Körperhöhe (cm) 1	Brustumfang (cm) 2	Bundweite (cm) 3	Seitenlänge (cm) 4	Inch-Größe (z. B. Jeans)	Konf.-Größe
174–178	85–87	71–74	105–107	30/32	88
177–181	87–90	74–77	106–109	31/34	90
180–184	91–94	78–81	108–110	32/36	94
182–186	95–98	82–85	109–112	33/36	98
184–188	99–102	86–89	111–113	34/36	102
187–191	103–106	90–94	112–115	36/36	106
190–194	107–110	95–99	114–116	38/36	110

Typ 3 – Der untersetzte Typ

- kleinere Körperhöhe
- kräftigerer Körperbau
- leichter Bauchansatz
- der Brustumfang ist ungefähr genauso groß wie der Bundumfang

Herren – Untersetzte Größen

Körperhöhe (cm) 1	Brustumfang (cm) 2	Bundweite (cm) 3	Seitenlänge (cm) 4	Inch-Größe (z. B. Jeans)	Konf.-Größe
166–170	94–97	86–89	99–102	34/30	24
169–173	98–101	90–93	101–104	36/32	25
172–176	102–105	94–97	102–105	38/32	26
175–178	106–109	98–101	104–107	40/32	27
177–180	110–113	102–107	105–108	42/32	28
179–182	114–117	108–111	107–110	44/32	29
181–183	118–121	112–116	108–111	46/32	30

Typ 4 – Der Bauch-Typ

- korpulenter Körperbau
- der Bundumfang ist größer als der Brustumfang

Herren – Bauch-Größen

Körperhöhe (cm) 1	Brustumfang (cm) 2	Bundweite (cm) 3	Seitenlänge (cm) 4	Inch-Größe (z. B. Jeans)	Konf.-Größe
168–172	98–101	103–107	102–105	–	51
170–174	103–105	108–112	104–107	–	53
172–176	106–109	113–117	106–109	–	55
174–178	110–113	118–122	107–110	–	57
176–180	114–117	123–127	108–111	–	59
178–182	118–121	128–131	109–112	–	61
180–182	122–125	132–135	110–113	–	63
181–183	126–129	136–140	112–115	–	65

Anzug & Co.

... damit Sie nicht dumm aus dem Anzug kucken!

Der Anzug gehört zur Grundausstattung eines „echten Gentlemans". Für viele ist er sowieso die gängige Berufskleidung, aber auch für die anderen Herren der Schöpfung führt kein Weg am Anzug vorbei, wenn sie bei feierlichen Anlässen wie Hochzeiten, runden Geburtstagen oder Theaterbesuchen einen guten Eindruck machen wollen. Hier finden Sie die wichtigsten Grundregeln für Anzugträger.

DER ANZUG

Wenn Sie einen guten klassischen Anzug tragen möchten, müssen Sie auf zwei Dinge achten:

- Die Farbe: Gedeckte Farben wie Schwarz, Grau oder Dunkelblau sind nach wie vor die beste Wahl. Egal, ob in Uni oder mit Nadelstreifen bzw. Fischgrätmuster, mit diesen Farben können Sie nichts falsch machen.
- Der Stoff: Bei der Stoffwahl gilt: Je offizieller der Anlass, desto feiner der Wollstoff. Bei legeren Anlässen wie z. B. privaten Einladungen können Sie zu einem Anzug aus robustem Tweedstoff greifen, während offizielle Geschäftstermine nach einem klassischen Flanellanzug verlangen.

Das Jackett

Generell wird bei Sakkos zwischen zwei klassischen Varianten unterschieden, zwischen

- dem einreihigen (traditionellen) Sakko, zu dem auch gerne eine passende Weste getragen wird, und
- dem zweireihigen (übergeknöpften) Sakko, das durch seine doppelte Knopfreihe normalerweise förmlicher und eleganter wirkt. Zum Zweireiher wird im Allgemeinen keine Weste getragen, da sie sowieso nicht zu sehen ist. Er eignet sich ganz gut, um einen kleinen Bauchansatz zu verstecken, weil die doppelte Knopfleiste optisch ablenkt. Besonders beachten müssen Sie beim Zweireiher, dass er im Stehen und Gehen immer geschlossen werden muss, um nicht vorne übereinanderzuflattern.

Beim Einreiher sollten Sie außerdem auf die Anzahl der Knöpfe achten, je nachdem, wie elegant oder lässig Sie erscheinen möchten. Je weniger Knöpfe das einreihige Jackett hat, desto legerer wirkt es. Ein klassischer Einreiher kann mit einem, drei oder auch fünf Knöpfen ausgestattet sein. Also: Bei einem Geschäftstermin lieber zu einem mehrknöpfigen Sakko greifen.

Übrigens: Heutzutage kann man ohne Probleme ein legeres Jackett mit einer Jeanshose kombinieren, wenn diese nicht gerade total verwaschen oder durchgescheuert ist. Elegante Jacketts vermitteln in Kombination mit einer Jeans hingegen den Eindruck, dass man nicht sehr viel von Mode versteht. Und auch wenn Sie eine Krawatte tragen möchten, ist es nicht zu empfehlen, eine Jeanshose dazu zu tragen.

So sitzt das Jackett perfekt:

- Die Länge Ihres Sakkos muss auf jeden Fall stimmen – nicht zu kurz, nicht zu lang. Es soll die Hälfte des Körpers bedecken und der Taillenknopf sollte auf der Höhe des Bauchnabels sein. Außerdem sollten die Ärmel, wenn Sie die Arme hängen lassen, etwa auf Höhe des Handgelenks aufhören. Etwa ein Zentimeter der Hemdsärmel sollte unten hervorblitzen. So kommen auch Ihre Manschettenknöpfe gut zur Geltung.
- Die Revers sollten auf der Brust anliegen.
- Der Hemdkragen sollte ca. einen Zentimeter über den Jackettkragen hinausragen.

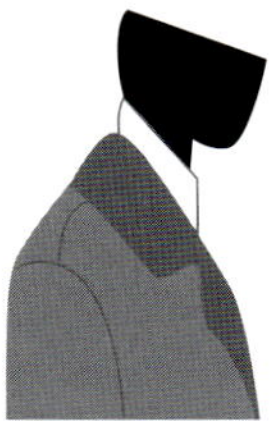

Richtig

Falsch

→ Auf dem Rücken dürfen sich weder Quer- noch Längsfalten zeigen.

→ Die Knöpfe müssen sich locker schließen lassen, ohne dafür den Bauch einziehen zu müssen.

→ Auch die Schulterpartie muss genau passen. Die Schulterpolster dürfen weder plump über den Schultern hängen noch von ihnen ausgebeult werden, sonst sieht jeder auf den ersten Blick, dass da was nicht stimmt.

→ Knöpfen Sie nicht alle Jackettknöpfe gleichzeitig zu, das wirkt viel zu förmlich-zugeknöpft und kann schnell wie eine Wurstpelle aussehen. Lassen Sie den untersten einfach immer offen, das ist in jeder Situation vollkommen o. k.

Die Hose

So sitzt die Hose perfekt:

→ Wenn die Länge Ihrer Hose nicht stimmt, ist der Gesamteindruck dahin. Deshalb: Gerade hinstellen und austesten. Liegt das Hosenbein vorne leicht auf dem Schuh auf, sodass sich ein leichter Knick bildet? Schließt der Hosensaum hinten mit dem Absatz ab? Dann sitzt die Hose perfekt.

→ Keine Falten im Schritt, bitte! Das sieht ziemlich peinlich aus und jeder kann sehen, dass die Hose zu klein ist. Außerdem sollte Ihr Po die Hose gut ausfüllen, damit auch hier keine Falten entstehen.

Richtig

Falsch

→ Die Bügelfalte der Hose sollte gerade über das Knie auf die Schuhe fallen. Zieht sie zur Seite, ist der Schnitt fehlerhaft.

→ Wählen Sie den Bund in genau der Weite, dass die Hose weder kneift noch rutscht.

Die Weste

Für alle, die auch mal einen Einreiher mit Weste tragen möchten:

→ Auch bei der Weste bleibt der unterste Knopf im Allgemeinen offen.

→ Die Weste sollte den Hosenbund komplett abdecken.

→ Klassische Anzugwesten müssen körpernah sitzen.

DER SMOKING

Der Begriff „Smoking" stammt noch aus der Zeit, in der nur Männer im Rauchersalon zugelassen waren und dort jenen „Raucheranzug" getragen haben. Heute trägt man ihn beispielsweise bei Theaterpremieren oder bei einer formellen Dinner-Einladung mit dem Vermerk „black tie", was so viel bedeutet wie Smoking. Bei einem normalen Theaterbesuch trägt man ihn nicht. Da greifen Sie besser zu einem normalen Anzug in Dunkelgrau oder Dunkelblau.
Der klassische Smoking hat die folgenden Merkmale:

- schwarze oder tiefblaue Farbe
- Die Jacke ist ein- oder zweireihig und hat seidenbesetzte Revers.
- Die Hose hat keine Umschläge und an den äußeren Hosennähten fingerbreite Seidenstreifen.
- Dazu gehören ein weißes oder cremefarbenes Smokinghemd, eine schwarze Fliege, ein schwarzer Kummerbund und elegante schwarze Lacklederschuhe.

DIE RICHTIGE KLEIDERPFLEGE

Anzug und Smoking sollten Sie auf keinen Fall selbst waschen! Bringen Sie die guten Stücke immer in die Reinigung, wenn sie es nötig haben. Das Geld können Sie sich aber ruhig auch mal sparen, wenn der Anzug keine Flecken abbekommen hat. Dann reicht es oft schon aus, ihn über Nacht zum Auslüften auf einen Bügel zu hängen, bevor er wieder in den Schrank wandert.

TIPPS & TRICKS

- Sie möchten Muster tragen, vielleicht auch noch zwei verschiedene? Dann halten Sie sich an die Regel: Das Muster Ihrer Krawatte sollte immer auffälliger sein als das von Ihrem Hemd.
- Hat Ihr Hemd die richtige Kragenweite? Zwischen Hals und Hemdkragen sollte mindestens ein Finger passen, damit die Kragenweite stimmt.
- Keine zu starken Kontraste, bitte! Mit weißen Tennissocken zum Anzug haben Sie zwar einen bleibenden Eindruck hinterlassen, aber keineswegs einen guten. Also: Socken immer farblich passend zum Schuh und zum Anzug aussuchen. Greifen Sie auf jeden Fall zu knielangen Socken, damit sich empfindliche Gemüter nicht im Sitzen an Ihrem nackten Männerbein stören.
- Als Mottenschutz für Ihre guten Kleidungsstücke können Sie Kernseife, Lavendelblätter oder Zedernholz in einem kleinen Säckchen in Ihren Kleiderschrank legen. Die schrecken lästige Kleidermotten ab.

Außerdem sollten Sie vorher noch:

→ alle Taschen leeren. Ausgebeulte Hosen- oder Jackentaschen sehen nicht besonders schön aus.

→ überprüfen, ob alle Knöpfe noch dran sind und fehlende sofort ersetzen oder lockere festnähen. Denn wenn Sie Ihr gutes Jackett ein halbes Jahr später wieder aus dem Schrank ausgraben, weil Ihre Oma Geburtstag feiert, haben Sie den fehlenden Knopf längst vergessen und müssen dann eilig einen Ersatz herzaubern. Den Stress können Sie sich doch wirklich ersparen!

→ Staub oder leichte Verschmutzungen mit einer Bürste ausbürsten. Dabei immer in Richtung des Flors bürsten, d. h. von oben nach unten. Bei speziellen Stoffen wie Velours oder Samt nehmen Sie dafür am besten eine Veloursbürste.

Die Krawatte

Bindungsängste? Da können wir Ihnen weiterhelfen!

Wer ein echter Mann von Welt sein will, kommt wohl oder übel nicht drum herum, sich manchmal mit einer Krawatte oder sogar einer Fliege herauszuputzen zu müssen. Keine Panik, meine Herren – dazu müssen Sie kein McGyver sein! Hier finden Sie die drei wichtigsten Knotenvarianten, die man für den Fall der Fälle beherrschen sollte:

DER STANDARD-KNOTEN – EINFACH UND SCHNELL

Der älteste Krawattenknoten, auch „Four-in-hand" genannt nach den gebundenen Halstüchern der Kutscher des 18. Jahrhunderts in London („four in hand" = vier Zügel in der Hand, weil meist vier Pferde angespannt waren). Er ist leicht asymmetrisch, sportlich-schlank und passt zu jedem Hemdkragen.

1. Zuerst das ca. 25 Zentimeter längere, breite Ende über das schmale kreuzen.
2. Jetzt das breite Ende unter dem schmalen nach links ziehen.
3. Danach das breite Ende über die Vorderseite des schmalen Endes zurück zur rechten Seite ziehen (das ist die letzte Schlaufe).
4. Jetzt noch von unten durch die Halsöffnung schieben und nach unten durch die letzte Schlaufe festziehen.
5. Schon sitzt die Krawatte 1 a!

DER WINDSOR-KNOTEN – DER KLASSIKER

Dieser Knoten wurde vermutlich in den 30er- oder 40er-Jahren erfunden, aber nicht – wie viele wegen seines Namens behaupten – vom Herzog von Windsor. Seine Herkunft ist nie genau geklärt worden. Er hat eine bauchige Kegelform und passt besonders gut zu Hemden mit dicht beieinanderliegenden Kragenecken.

1. Wie beim Standard-Knoten erst das ca. 25 Zentimeter längere, breite Ende über das schmale kreuzen.
2. Hier wieder das breite Ende unter dem schmalen nach links ziehen.
3. Anschließend direkt von vorne oben durch die Halsöffnung schieben und links (linker Windsor) oder rechts (rechter Windsor) vom schmalen Ende nach unten führen.
4. Das breite Ende leicht festzurren, nochmals über dem schmalen Ende kreuzen (das ist die letzte Schlaufe) und dann von unten durch die Halsöffnung schieben.
5. Zum Schluss nur noch durch die letzte Schlaufe gut festziehen.
6. Fertig – sitzt, passt, wackelt und hat Luft!

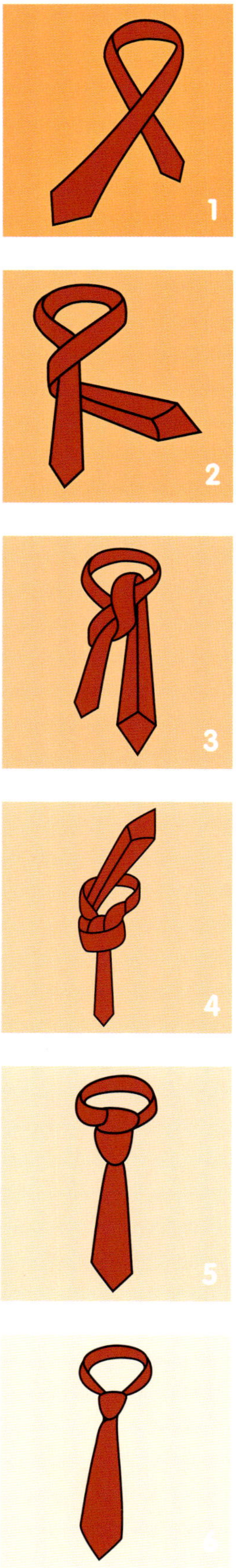

Die richtige Krawattenpflege
Verstauen Sie die Krawatte nach dem Tragen nicht so wie sie ist im Schrank! Lösen Sie den Knoten nach jedem Tragen vorsichtig und rollen Sie die Krawatte zum „Regenerieren" leicht zusammen.

Augen auf beim Krawattenkauf!
Wenn Sie sich eine neue Krawatte kaufen möchten, sollten Sie darauf achten, dass der Stoff, aus dem die Krawatte besteht, nicht zu dick ist. Sonst kann es passieren, dass der Stoff zum Binden zu steif ist und die Krawatte nicht schön fällt. Dünne, fließende Stoffe lassen sich viel leichter binden und fallen natürlich.

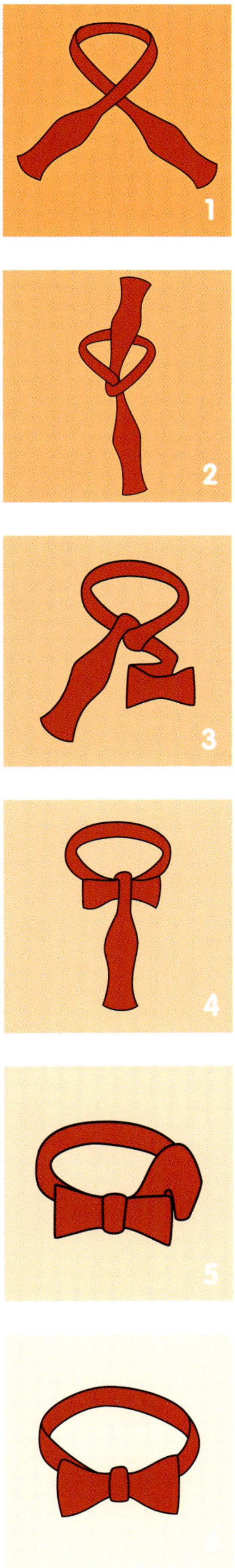

ÖFTER MAL WAS ANDERES: DIE FLIEGE

Sie haben es satt, dass Ihnen Ihre Krawatte ständig in der Suppe hängt? Oder Sie wollen einfach mal aus dem Heer der Krawattenträger hervorstechen? Dann ist die Fliege doch eine clevere Alternative. Leider wissen die wenigsten, wie das verflixte Ding gebunden wird. Deshalb hier unser

Schnellkurs: Wie binde ich eine Fliege?

1. Die Fliege um den Hals legen und die Enden übereinander kreuzen. Im Gegensatz zur Krawatte können Sie die Enden hier mittig übereinanderlegen.
2. Jetzt das darüberliegende Ende von unten durch die Kragenöffnung schieben.
3. Der komplizierteste Teil: Das durchgeschobene Ende locker herunterhängen lassen, während das andere Ende zickzackförmig gefaltet wird.
4. Jetzt das gerade gefaltete Ende hinter das herunterhängende schieben.
5. Das herunterhängende Ende von unten durch die Kragenöffnung ziehen und hinter dem Knoten in der Schlaufe verstauen.
6. Et voilà: Ist das nicht ein Prachtstück?

TIPPS & TRICKS

Zur Fliege:
- Zum Smoking eignet sich am besten eine edle Fliege in einer eher gedeckten Farbe.
- Zum Frack wird hingegen üblicherweise eine weiße Fliege getragen.

Zur Krawatte:
- Die Krawatte endet am Gürtel!
- Der Knoten sitzt richtig, wenn er den Kragensteg komplett abdeckt.
- Bei der fertig gebundenen Krawatte sollte das hintere Ende nicht weiter herunterhängen als das vordere. Ideal ist es, wenn beide Enden gleich lang sind. Die meisten Krawatten haben auf der Rückseite eine Lasche, in die Sie das hintere Ende stecken und damit sicher verstauen können.
- Krawatten auf keinen Fall zu eng schnüren. Studien haben ergeben, dass die sonst so praktischen Binder schnell mal auf die Halsschlagader drücken und die Sauerstoffzufuhr zum Gehirn behindern können!

Das erklärt Einiges ...!

Die Schuhpflege

Hier können Sie glänzen!

Nein, es ist nicht nur ein böses Gerücht – es gibt genug Männer, die einen genauso großen „Schuhtick" haben wie die Frauen! Ja, auch bei so manchem Vertreter des männlichen Geschlechts stapeln sich die Schuhe dann und wann bis an die Decke. Bei der Schuhpflege ist die Männerwelt jedoch geteilter Meinung: Die einen putzen ihre ständigen Begleiter hingebungsvoll, die anderen halten so was für reine Zeitverschwendung.

Egal zu welcher der Gruppen Sie gehören, eine gewisse Ahnung von Schuhpflege sollte man schon haben. Schließlich schont das nicht nur Ihre „Treter", sondern auch Ihren Geldbeutel. Außerdem gehört zu einem gepflegten Äußeren nun mal auch ein gepflegter Schuh!

Nasse Füße bekommen?

Einem handfesten Wolkenbruch oder einer Schneewanderung halten die beste Schuhcreme und das effektivste Imprägnierspray nicht stand. In so einem Fall heißt es: Handeln, solange die Schuhe noch feucht sind! Sonst entstehen beim Trocknen hässliche Regen- oder Schneeränder. Vergessen Sie das Märchen, dass Lederschuhe generell wasserempfindlich sind, und waschen Sie diese gleich mit Neutralseife oder einem speziellen Ledershampoo unter fließendem, lauwarmem Wasser aus. Nur bei besonders empfindlichen oder hellen Lederarten sollten Sie vorsichtig sein, damit keine Ränder entstehen.

Beim anschließenden Trocknen niemals an die Heizung oder in die pralle Sonne stellen! Das Leder wird dadurch spröde und brüchig. Am besten mit zerknülltem Zeitungspapier ausstopfen und ohne Wärmequelle auf der Seite liegend trocknen lassen. So kann auch die Sohle durchtrocknen, ohne dass das Sohlenleder Schaden nimmt. Nach ein paar Stunden eventuell die Zeitungseinlage noch mal erneuern. Zum Abschluss noch dem Material entsprechend pflegen und Ihre Schuhe sind wieder wie neu.

LEDERPFLEGE

Lederschuhe brauchen besonders viel Pflege, weil Leder ein Naturprodukt ist, das viel Feuchtigkeit aufnimmt und speichert. Und da die meisten Männerschuhe aus diesem Material hergestellt werden, haben wir Ihnen hier die Grundregeln zur Lederpflege auf einen Blick zusammengefasst.

Glattleder (Nappaleder)

→ Säubern: Glattleder bekommen Sie am besten mit einem feuchten Tuch sauber. Das Leder darf aber nicht zu hell oder empfindlich sein. Bei starken Verschmutzungen machen Sie einfach mehrere „Wischdurchgänge". Achten Sie bitte immer darauf, dass der gesamte Schuh gleichmäßig durchfeuchtet wird, damit keine unschönen Ränder entstehen. Anschließend lassen Sie die Schuhe gut trocknen. Die Ränder an den Sohlen bekommen Sie am besten mit einer Nagelbürste oder einer alten Zahnbürste sauber.

→ Pflegen: Um Lederschuhe weich und geschmeidig zu halten, lohnt es sich, ihnen möglichst regelmäßig – zumindest aber nach jeder gründlichen Reinigung – eine pflegliche und schonende Behandlung mit einem speziell für das jeweilige Leder hergestellten Lederpflegemittel zu gönnen. Bei Glattlederschuhen verwenden Sie für die Pflege am besten farblich auf das Leder abgestimmte, nicht fettende Schuhcreme. Dabei gilt: Weniger ist mehr! Im Anschluss etwas antrocknen lassen und die Schuhe mit einer weichen Bürste oder einem Tuch nachpolieren. So machen Sie Ihre Lederschuhe Wasser abweisend.

Rauleder (Velours-, Nubuk- und Wildleder)

→ Säubern: Schmutz oder speckige Stellen auf Raulederschuhen können Sie meist ganz einfach mit einer Gummibürste oder einem Schuh-Radiergummi abrubbeln. Falls nötig, kann man Rauleder natürlich auch leicht feucht reinigen. Nach dem Trocknen dann einfach mit einer Bürste wieder aufrauen, fertig.

→ Pflegen: Nach dem Abbürsten imprägnieren Sie das Rauleder mit farblich auf das Leder abgestimmtem Spray, damit die Schuhe Wasser abweisend sind.

Lackleder

Locklederschuhe pflegen Sie am besten mit etwas Milch oder speziellen Lackölen aus dem Handel. So bleibt die Kunststoffbeschichtung geschmeidig.

Wenn Sie es mal eilig haben: Mit sogenannten „Glanzschwämmen" können Sie Ihre staubigen Treter schnell mal auf Hochglanz bringen. Aber Vorsicht: Lassen Sie das nicht zur Gewohnheit werden! Mit den Glanzschwämmen kleistern Sie nämlich nur Silikonschicht um Silikonschicht auf die Schuhe. Im Prinzip haben Sie dann nur Lack darübergepinselt, ohne die Schuhe zu pflegen.

Wenn die Saison zu Ende geht

Sommer- bzw. Winterschuhe sollten Sie am Ende der Saison nicht einfach inklusive Straßenstaub wegpacken. Gönnen Sie ihnen auf jeden Fall nochmal eine gründliche Pflegebehandlung inklusive Säubern, Eincremen und Polieren. Das werden Ihnen sowohl Ihre Füße als auch Ihr Geldbeutel danken! Denn bei einer solchen Behandlung können Sie sich über eine längere Lebensdauer und angenehmere Trageeigenschaften Ihrer Schuhe freuen.

O Sohle mio ...

Sind Sie auch schon mal mit knarzenden Schuhsohlen peinlich aufgefallen? Wir verraten Ihnen, wie Sie die Krachmacher zum Schweigen bringen: Stellen Sie die Schuhe in einen flachen Plastikbehälter und geben Sie so viel Leinöl auf den Boden, dass die Sohlen damit bedeckt sind. Lassen Sie das Ganze ein paar Stunden einweichen. Anschließend wischen Sie die Schuhe mit einem feuchten Tuch ab und lassen sie gründlich trocknen. Schon können Sie wieder „auf leisen Sohlen" durch die Welt gehen.

Schühchen wechsel dich

Gönnen Sie Ihren Schuhen eine Erholungspause, d. h. täglich wechseln! Schuhe nehmen beim Tragen Feuchtigkeit auf, die mindestens einen Tag braucht, um vollständig abzutrocknen. Und nur ein trockener Schuh ist ein bequemer Schuh. Außerdem können Sie so die Lebensdauer Ihrer Schuhe mehr als verdoppeln.

Vorsicht, Stolperfalle!

Lassen Sie Ihre Schuhe nicht direkt hinter der Haustür stehen und liegen. Das sind Stolperfallen, die unter Umständen zu bösen Verletzungen führen können! Räumen Sie die Schuhe nach dem Tragen immer gut zur Seite und nach einer gewissen Auslüftungszeit, z. B. über Nacht, in den Schuhschrank. So verstauben die Treter auch nicht so schnell und Sie müssen sie weniger putzen.

Noch ein praktischer Nebeneffekt dabei: Ihre Freundin oder Frau muss sich nicht mehr ständig darüber ärgern, in allen Ecken und Enden Ihre Quadratlatschen herumfliegen zu sehen!

TIPPS & TRICKS

- Beim Schuheputzen immer zur Vermeidung von Schuhcremeflecken auf die Arbeitsfläche oder den Teppich eine Zeitung legen, bevor Sie loslegen.
- Zum Anziehen Ihrer Schuhe sollten Sie immer einen Schuhlöffel benutzen. Damit schonen Sie die stark beanspruchte Hinterkappe und sie leiert nicht so schnell aus. So sieht Ihr Schuh auch von hinten immer gepflegt aus. Wenn Sie mal gerade keinen Schuhlöffel zur Hand haben, können Sie auch das schnallenlose Ende eines Gürtels zur Hilfe nehmen.
- Nach jedem Tragen Schuhspanner in die noch „warmen" Schuhe klemmen. Die glätten Gehfalten und bringen so das Leder schnell wieder in Form. Am besten verwenden Sie Schuhspanner aus Holz, weil diese Feuchtigkeit besonders gut aufnehmen können.
- Zum Schuhkauf am besten erst abends losziehen, denn da sind Ihre Füße am stärksten geschwollen. So passen Ihnen Ihre neuen Schuhe auch an besonders langen Arbeitstagen.
- Sie leiden unter den berüchtigten „Käsefüßen"? Da hilft meistens ein wenig Backpulver, das Sie direkt in die Schuhe streuen. Dann zum Lüften über Nacht draußen stehen lassen und am nächsten Morgen ist der störende Geruch weg.

Um Käsefüße zu vermeiden, sollten Sie übrigens grundsätzlich nur Socken aus Baumwolle und nicht aus Kunstfasern kaufen. Außerdem sind Synthetikschuhe ganz oft für Käsefüße verantwortlich. Sie sind nicht luftdurchlässig und wasseraufnehmend wie Lederschuhe. Daher kann der Fußschweiß nicht entweichen, die menschlichen Fußbakterien können sich ungehindert vermehren und verströmen ihren unangenehmen Geruch. Also, an alle Käsefuß-Geplagten: Lieber öfter mal zu Lederschuhen greifen:

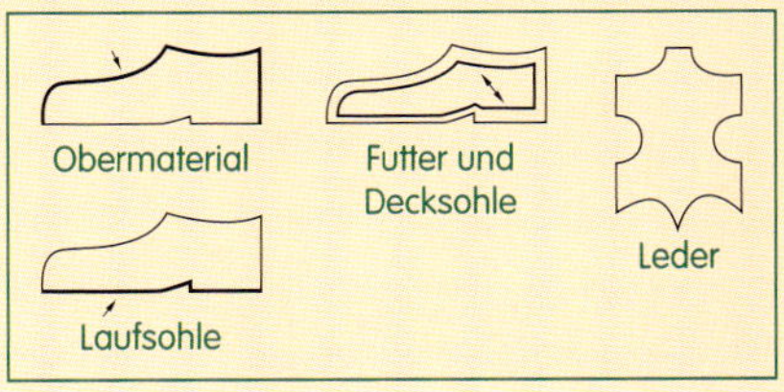

HOBBYS

Manche Männer behaupten ja, sie hätten keine Hobbys. Das stimmt aber meistens gar nicht. Männer haben nur die Angewohnheit, ihre liebsten Freizeitbeschäftigungen nicht als Hobbys anzusehen.

Das liegt vielleicht daran, dass so manches Freizeitvergnügen des Mannes gesellschaftlich nicht unbedingt als Hobby gesehen wird.

Oder würden Sie etwa die Feierlust eines Partylöwen als sein Hobby bezeichen? Oder die Fernsehmarathons des Couch-Potatos? Und was ist mit der typisch männlichen Vorliebe für schnelle Wagen und blitzendes Chrom? Alles keine Freizeitbeschäftigungen, die man normalerweise zu den Hobbys zählt, nicht wahr?

Aber was sind sie denn sonst? Nichts anderes als genau das: Hobbys mit Gute-Laune-Charakter, die Sie sich auf keinen Fall miesmachen lassen sollten. Auch nicht von den paar lieb gemeinten Sticheleien auf den nächsten Seiten ...!

VIEL VERGNÜGEN DABEI!

Typische Männerhobbys

Zeig mir dein Hobby und ich sag dir, wer du bist

Jaja, Männer und Frauen sind verschieden, wie wir alle wissen. Das bestätigt sich auch immer wieder, wenn man sich anschaut, welche Hobbys die beiden Geschlechter bevorzugen.

Während sich die Damenwelt in ihrer Freizeit zum intellektuellen Austausch im Coffeeshop trifft, Power-Shopping macht oder mit Vorliebe in die Oper oder ins Theater geht, begeistern sich Männer für ganz andere Hobbys. Wir sagen Ihnen, für welche. Vielleicht erkennen Sie sich ja in einem der Hobbytypen wieder?

DER COUCH-POTATO

Dieser Begriff bezeichnet eine Person, die sich in ihrer Freizeit am liebsten den lieben, langen Tag auf der Couch räkelt und sich vom Fernseher berieseln lässt. Heutzutage hat auch der sogenannte „Computerfreak" immer häufiger die typischen Couch-Potato-Züge und wird daher auch als „Mouse-Potato" bezeichnet.

Sie wollen wissen, ob Sie zur Potato-Spezies gehören? Dann gibt's nur eins: Machen Sie unseren wissenschaftlich erprobten Potato-Test!

DER PARTYLÖWE

Dieser Begriff bezeichnet eine Person, die sich die Nächte gerne in Bars, Diskos oder auf Partys um die Ohren schlägt. Ausgiebiger Alkoholkonsum, laute Musik und gute Stimmung gehören selbstverständlich zu jedem Abend dazu. Der Partylöwe grölt zu später Stunde gerne lauthals die schönsten Gassen-

Der ultimative Couch- bzw. Mouse-Potato-Test

1. Verbringen Sie ganze Tage auf der Couch und schauen fern, obwohl Sie nicht krank sind?
☐ Ja ☐ Nein

2. Sie spielen gerade Ihr Lieblings-Computerspiel im Internet, als Ihre Freundin/Frau im Negligé in der Tür steht und Sie mit verführerischer Stimme bittet, ihr ins Schlafzimmer zu folgen. Stehen Sie auf?
☐ Nein ☐ Ja

3. Bekommen Sie Schweißausbrüche, wenn Sie Ihre Fernbedienung vom Fernseher nicht gleich finden?
☐ Ja ☐ Nein

4. Sie wollen gerade die brandneue Spielekonsole in Betrieb nehmen, auf die Sie schon seit Wochen brennend warten. Da klingelt es an der Tür. Was tun Sie?
☐ Ich kauere mucksmäuschenstill auf dem Boden, bis ich absolut sicher bin, dass der Störenfried abgezogen ist.
☐ Ich öffne die Tür.

5. Sind Sie mit Luigi und Pedro vom Pizza-Service und dem Fahrer vom Fast-Food-Chinesen um die Ecke auf Du und Du?
☐ Ja ☐ Nein

6. Nur noch eine Minute, dann haben Sie es endlich geschafft, den neuesten Action-Blockbuster aus dem Internet herunterzuladen. Da wird plötzlich alles dunkel. Wie reagieren Sie?
☐ Ich statte der Stromgesellschaft in der Mozartstraße einen Besuch mit meinem Vorschlaghammer ab.
☐ Ich warte in aller Ruhe, bis der Stromausfall behoben ist und fange mit dem Herunterladen noch mal von vorne an.

Auswertung:
Wenn Sie das erste Kästchen sechs Mal angekreuzt haben: Es ist nicht mehr zu leugnen: Sie sind ein Potato-Typ erster Klasse. Unser Rat: Da ist Hopfen und Malz verloren!

Wenn Sie das erste Kästchen drei bis fünf Mal angekreuzt haben: Sie befinden sich in einem Stadium akuter Potato-Gefährdung. Unser Rat: Gehen Sie so oft wie möglich unter Leute und suchen Sie sich Freunde!

Wenn Sie das erste Kästchen ein bis zwei Mal angekreuzt haben: Sie haben eine gewisse Tendenz zum Potato-Dasein, sind aber noch nicht gefährdet. Unser Rat: Beobachten Sie sich genau. Wenn es schlimmer wird, trennen Sie sich von Ihrem Fernseher bzw. Computer. Das kann Ihnen unter Umständen das Leben retten!

hauer, sodass die Nachbarn aus dem Bett fliegen. Im Alkoholdunst geht so manchem Vertreter dieser Spezies öfter mal der Text verloren. Vielleicht können wir dem einen oder anderen ja hiermit ein bisschen auf die Sprünge helfen:

Bier her

Refrain:
Bier her! Bier her! Oder ich fall um, juchhe! Bier her! Bier her! Oder ich fall um!
1. Strophe:
Soll das Bier im Keller liegen und ich hier die Ohnmacht kriegen? Bier her! Bier her! Oder ich fall um!
2. Strophe:
Wenn ich nicht gleich Bier bekomm, schmeiß ich die ganze Kneipe um! Bier her! Bier her! Oder ich fall um!

Katzenjammer lässt grüßen

Der Morgen danach: Ihr Schlafzimmer tanzt Samba, Ihr Magen ist über Nacht die Speiseröhre hinaufgewandert und Ihr Schädel brummt wie ein ganzer Hornissenschwarm? Ganz klar, der Katzenjammer hat Sie im Würgegriff! Aber die Rettung naht – wir haben *den* Anti-Kater-Drink für Sie. Seine Zutaten füllen die durch den Alkohol geleerten Vitamin- und Mineralstoffdepots auf und wecken neue Lebensgeister:

Virgin Mary

Zutaten:
20 cl Tomatensaft
ein Schuss Zitronensaft
ein Schuss Tabasco
ein Spritzer Worcestershiresauce
Salz, Pfeffer
ein Stück Stangensellerie

Zubereitung:
Alle Zutaten bis auf den Sellerie gut miteinander mischen und in ein Glas füllen. Zum Schluss den Sellerie in das Glas stecken.

TIPPS & TRICKS

Wie Sie dem Kater vorbeugen können:

- Trinken Sie nicht auf leeren Magen. Essen Sie vorher noch mal kräftig. Vor allem fettreiche Speisen wie z. B. Schweineschnitzel, Pommes frites und Mayonnaise sind eine gute Grundlage, weil sie die Alkoholaufnahme ins Blut erschweren.
- Greifen Sie beim Trinken nebenher zu Salzstangen, Chips, Nüssen, usw. Die salzigen Knabbereien helfen dabei, den durch Alkohol verursachten Mineralienverlust auszugleichen.
- Trinken Sie nicht verschiedene Alkoholika durcheinander, sonst können Sie sich schon auf den Brummschädel danach freuen.
- Kippen Sie die Getränke nicht einfach hinunter, lassen Sie sich Zeit dabei. Je langsamer Sie trinken, desto weniger Alkohol gelangt ins Gehirn.
- Seien Sie vor allem bei warmen, zucker- und kohlensäurehaltigen Getränken zurückhaltend, z. B. bei Glühwein, Grog oder Punsch.
- Trinken Sie immer wieder zwischendrin kohlensäurearmes oder stilles Wasser. So beugen Sie der Entwässerung durch den Alkohol vor.
- Das Schlafzimmer vor dem Schlafengehen noch mal gut lüften. Sauerstoff bekämpft nämlich den Kater.

DER SPORTFAN

Dieser Begriff bezeichnet eine Person, die sich keinen Wettkampf, kein Spiel oder Match ihrer Lieblingssportart oder ihres Sportidols entgehen lässt. In unseren Breitengraden ist vor allem die Spezies des Fußballfanatikers heimisch. Nicht ganz so weit verbreitet, aber immer wieder zu beobachten, sind auch die Anhänger des Renn-, Box- oder Radsports. Man erkennt den Sportfan daran, dass er während eines Spiels wie z. B. bei einer Bundesligaübertragung wieder in das Stadium des Neandertalers zurückfällt. Das glauben Sie nicht? Hier ist der Beweis:

Der Sportfan ...	Der Neandertaler ...
... sitzt grundsätzlich im Trikot und Fanschal seiner Mannschaft auf der Couch.	... geht nicht ohne die traditionelle Kriegsbemalung seines Stammes in den Kampf.
... trinkt zu einem Spiel grundsätzlich Bier.	... versetzt sich mit Rauschmitteln in einen Rausch, bevor er auf Jagd geht.
... brüllt, fuchtelt, stampft mit den Füßen auf, während das Spiel läuft; die emotionale Erregung entsteht durch den Adrenalinschub im Angesicht des Gegners.	... brüllt, fuchtelt, stampft mit den Füßen auf, während er auf der Jagd ist; die emotionale Erregung entsteht durch den Adrenalinschub im Angesicht des Gegners.
... singt nach dem Sieg seiner Mannschaft „We are the champions" und tanzt wie wild um den Couchtisch.	... dankt nach erfolgreicher Jagd den Göttern mit Triumphgesängen und tanzt um das erlegte Tier, um es zu ehren.

Der Mann und sein Auto

– des Mannes liebstes Spielzeug

Wie bei allen großen Leidenschaften hat der Mensch, und ganz besonders der Mann, im Umgang mit seinem fahrbaren Untersatz die eine oder andere kuriose Verhaltensweise entwickelt. Lassen Sie uns der Sache doch mal ein wenig auf den Grund gehen. Vielleicht springt ja der eine oder andere durchaus ernst gemeinte Denkanstoß dabei heraus, wer weiß ...?

1. AUSSEN HUI, INNEN PFUI

Ganz nach dem Motto „My car is my castle" kümmern sich viele Autofreaks tagein, tagaus liebevoll darum, dass ihr fahrbarer Untersatz immer wie aus dem Ei gepellt dasteht. Da wird ständig geschrubbt, poliert und gewachst, bis Karosserie und Felgen in vollkommenem Glanz erstrahlen.

Dennoch muss man immer wieder feststellen: Schaut man mal hinter die schöne Fassade – nämlich ins Innere des Wagens –, kommt die große Ernüchterung, die den Traumwagen gar nicht mehr traumhaft erscheinen lässt: Müll, Asche, Essensreste und Staub lachen einem höhnisch entgegen und zerstören das Bild vom perfekten Flitzer.

Wer ein echter Autoliebhaber ist, der pflegt das Wageninnere genauso sorgsam wie die Karosserie. So viel ist da doch auch gar nicht zu machen: Ein bisschen saugen hier, ein bisschen Staub wischen da und noch ein wenig die Innenscheiben putzen, fertig. Geht ganz fix und lohnt sich garantiert auch: Die Frauen stehen drauf, wenn sie hinter der Fassade ein ebenso gepflegtes Inneres vorfinden, glauben Sie es!

2. FAIR GEHT VOR

Rüpel gibt es zugegebenermaßen überall, natürlich auch im Straßenverkehr: Hupkonzerte, Drängeln, Lichthupe geben, Drehzahl hochjagen, Trommeln auf dem Lenkrad, waghalsige Überholmanöver, usw. – das alles sieht man täglich auf unseren Straßen. Vor allem Männer scheinen sich immer wieder hinter dem Steuer zu PS-getriebenen Rennfahrern mit einem ungewöhnlich hohen Aggressionspotenzial zu verwandeln.

Dabei vergessen sie aber eine entscheidende Sache: Sie gefährden mit diesem unverantwortlichen Fahrverhalten nicht nur andere Verkehrsteilnehmer, sondern auch sich selbst, ihre Freunde und Familie! Es ist nur in Ihrem eigenen Interesse, wenn Sie sich bewusst machen, dass ein rücksichtsvolleres Fahrverhalten so manchen schlimmen Unfall verhindern kann.

Denken Sie also das nächste Mal daran, wenn Sie genervt hinter einem LKW herzuckeln müssen und ernsthaft darüber nachdenken, ob Sie ihn nicht in einer S-Kurve überholen sollen ...!

3. FRAU AM STEUER

Die Zeiten, in denen eine Frau nur in die Nähe eines Autos kommen durfte, wenn sie sich für ein Foto dekorativ auf der Motorhaube räkeln sollte, sind zum Glück lange vorbei. Trotzdem schaffen es einige Männer immer noch nicht, ihren Wagen einer Frau ohne Wenn und Aber anzuvertrauen. Woran liegt das bloß?

Und dann gibt es da noch die „männlichen Beifahrer", die es sich einfach nicht verkneifen können, die Frau am Steuer mit jeder Menge eingeworfenen „Ratschlägen" zum Fahrverhalten zur Weißglut zu bringen. Das hört sich dann ungefähr so an:

An einer Kreuzung:
„Jetzt fahr doch endlich, die Kreuzung ist meilenweit frei!"

Eine Sekunde später, immer noch auf der Kreuzung:
„Halt! Pass doch auf, fast wärst du in den Bus reingebrettert!"

Eine Minute später, an einer Ampel:
„Bremsen! Du musst viel früher bremsen, sonst baust du noch mal einen Auffahrunfall! Noch nie was vom Mindestabstand gehört?"

Wieder eine Minute später, auf dem Parkplatz vom Supermarkt:
„Fahr zu, in den Parkplatz passen wir glatt zwei Mal rein!

Endlich daheim in der Einfahrt:
„Stopp! Was machst du denn da? Fast hättest du den Torpfosten umgefahren! Lass mich mal ans Steuer, sonst sitzen wir heute Abend noch hier!"

Liebe Männer, wir möchten euch nur so viel sagen:
Es gibt zahllose Statistiken, die wissenschaftlich belegen, dass Frauen nur ca. 35 % der Autounfälle verursachen, während die Herren der Schöpfung für sage und schreibe 65 % der Autounfälle verantwortlich sind. Da hätten wir doch vielleicht ein wenig mehr Vertrauen in unsere Fahrkünste verdient, meint ihr nicht?

4. ALKOHOL AM STEUER

Klar gibt es auch genug Frauen, die sich das eine oder andere Mal nach einer feucht-fröhlichen Nacht benebelt ans Steuer setzen, das wollen wir gar nicht bestreiten. Trotzdem ist es eine Tatsache, dass Männer ihre Fahrtüchtigkeit im alkoholisierten Zustand öfter überschätzen als Frauen. Schließlich hat Mann ja einen Ruf zu verlieren und möchte nicht von den Kumpels als „Warmduscher" bezeichnet werden ... eine echte Zwickmühle! Deshalb hätten wir da einen Vorschlag, wie Sie die ganze Problematik umgehen können, ohne blöd dazustehen: Geben Sie die Autoschlüssel gleich zu Beginn des Abends bei einer vertrauenswürdigen Person ab, die auf jeden Fall nüchtern bleiben wird. Das kann der Gastgeber einer Party sein, ein Freund, der sowieso nichts trinken möchte oder vielleicht auch der Wirt Ihrer Stammkneipe.

Wenn Sie dann zu später Stunde Ihre Schlüssel verlangen, wird er sie ihnen nicht rausrücken, auch wenn Sie ihm die Prügel seines Lebens androhen. So schlagen Sie zwei Fliegen mit einer Klappe: Sie kommen sicher nach Hause und verlieren dennoch nicht ihr Gesicht vor den Möchtegern-Machos.

Machen Sie doch eine kleine Showeinlage draus, die Sie vorher absprechen können: Beschimpfen Sie den Schlüsselbewacher noch ein bisschen und wedeln Sie vor ihm bedrohlich mit den Fäusten herum. Das macht einen total männlichen Eindruck und stopft auch den größten Stänkerern garantiert das Maul!

5. TUNING FÜRS EGO

Manche Autofreaks brauchen für ihren Schlitten immer die neueste Hi-Fi-Anlage mit Bass-Booster, einen Auspuff mit zwei chromglänzenden Rohren oder Felgen, die einen astronomischen Preis hatten.

Denen möchten wir eigentlich nur sagen: Wer ein Fahrzeug mit allem Schnickschnack braucht, sollte mal gründlich über sich selbst nachdenken! Entscheidend ist doch, wer hinter dem Lenkrad sitzt, und nicht, wie viel PS unter der Motorhaube stecken.

FRAUEN

Das „schöne Geschlecht" spielt natürlich im Leben eines Mannes eine besonders große Rolle. Bestreiten Sie es ruhig, wir glauben es Ihnen sowieso nicht!

Also gehört zum Alltagsmanagement auch dazu, mit den Tücken des Geschlechterkampfes klarzukommen. Und Männer behaupten doch immer, sie würden die Frauen nicht verstehen! Na bitte, hier ist offensichtlich Nachholbedarf da!

Wollten Sie nicht schon immer mal wissen, wie Sie z. B. Ihre neue Flamme mit einem romantischen Essen bei Kerzenschein schwach werden lassen? Oder wie Sie Ihrer Frau mit einem einfallsreichen Geschenk zum Hochzeitstag die Überraschung ihres Lebens machen können?

Oder wie wär's mit ein paar handfesten und garantiert seriösen Tipps zum Thema „Bewährungsprobe bei den Schwiegereltern"? Blättern Sie einfach weiter und lassen Sie sich inspirieren!

WER NICHT WAGT, DER NICHT GEWINNT!

Der erste Kontakt

Flirten will gelernt sein!

Nicht jeder kann ein Macho-Typ mit unerschütterlichem Selbstbewusstsein sein, wenn es um das „schöne Geschlecht" geht. Wenn wir mal ehrlich sind, sind das sogar die wenigsten. Um allen Singles auf der Suche nach weiblicher Gesellschaft ein wenig auf die Sprünge zu helfen, haben wir die besten Flirt-Orte und -sprüche zusammengetragen.

Dennoch sollten Sie auf keinen Fall vergessen: Vor allem Sympathie und Ausstrahlung sind es, die letztendlich über Erfolg oder Misserfolg Ihres Flirtversuchs entscheiden! Die besten Flirttipps bringen nichts, wenn Sie Ihrem Gegenüber nicht sympathisch sind.

HIER LÄSST ES SICH GUT FLIRTEN:

Eisdiele/Café

Besonders im Frühling oder Sommer zu empfehlen. Wenn die Sonne scheint, ist sowieso jeder in Flirtlaune und bei einem leckeren Kaffee oder Eis lässt es sich noch mal so gut flirten. Außerdem kann man hier mit einer Einladung zu einem Kaffee ganz leicht den ersten Kontakt herstellen.

Hund ausführen

Beim „Gassi gehen" mit einem Hund bekommen Sie im Handumdrehen Kontakt zu wildfremden Menschen („Ach, ist der süüüüüüüüüß!"). Wenn Sie keinen Vierbeiner haben, „leihen" Sie sich doch einfach einen vom Tierheim. Die sind für jede Hilfe dankbar und die Hunde freuen sich über die Abwechslung.

(Cocktail-)Bar

Einfach mal nach der Arbeit nicht gleich nach Hause fahren, sondern auf einen netten Happy-Hour-Cocktail in einer Bar vorbeischauen. Sie werden erstaunt sein, wie viele nette Frauen Sie dort antreffen.

Waschsalon

Wer einen Partner oder gar eine Familie hat, besitzt im Regelfall seine eigene Waschmaschine. Daher ist die Chance, in einem Waschsalon eine Single-Frau zu treffen, sehr hoch. Und während die Wäsche ihre Runden dreht, bleibt genug Zeit für ein erstes Kennenlern-Gespräch.

Bus & Bahn

Hier müssen Sie sich nur gemeinsam über die ständigen Verspätungen der öffentlichen Verkehrsmittel unterhalten oder sich beim Lesen des Fahrplans helfen lassen und Sie sind ruck, zuck im Gespräch. Oder lächeln Sie Ihrem Gegenüber in der Straßenbahn doch einfach mal nett zu. Einen Versuch ist es allemal wert!

Party

Einfacher als auf einer Party kommt man nirgends ins Gespräch, weil zwangloses Kennenlernen dort praktisch zum guten Ton gehört. Wenn die Flirtpartnerin kein Interesse signalisiert, kann man sich ganz locker mit einem „Ach, da drüben sind ja Peter und Susanne!" aus der unangenehmen Situation befreien, ohne sich Gedanken machen zu müssen, peinlich aufgetreten zu sein.

WO ES SICH NICHT GUT FLIRTET:

Disco

Die Disco gehört statistisch gesehen immer noch zu den beliebtesten Flirtorten. Sie hat aber auch Nachteile: Zum einen lässt der Lautstärkepegel meist kein vernünftiges Gespräch aufkommen und zum anderen hat die Disco nicht ganz zu Unrecht den Ruf eines „Abschleppschuppens" – viele suchen dort nur einen One-Night-Stand oder Seitensprung. Wenn Sie nach etwas Festem suchen, sind Sie in der Disco eher falsch.

Urlaub

In Urlaubsstimmung fällt den meisten das Flirten viel leichter als daheim in der gewohnten Umgebung. Vielleicht ist das ja auch der Grund, warum Urlaubsflirts in den meisten Fällen keine Zukunft haben – beflügelt von Sonne, Strand und Meer wagt man sich an Charaktere ran, die eigentlich gar nicht zu einem passen.

Büro

Die Statistik sagt, dass im Durchschnitt an jedem dritten Schreibtisch ein Single sitzt – optimale Flirtvoraussetzungen, könnte man denken. Vorsicht: Vergessen Sie nicht, dass Sie auch noch mit Ihrer Kollegin arbeiten müssen, wenn die Sache schiefgeht! Und beim Klatsch der Kollegen sind Sie beide dann Thema Nr. 1. Also, besser gut überlegen, bevor Sie sich auf einen Büro-Flirt einlassen.

Internet

Chaträume und Foren sind heutzutage bei Flirtwilligen sehr beliebt. Kein Wunder, denn die Anonymität des Internets gibt Schüchternen die Sicherheit, die ihnen draußen fehlt. Natürlich können Sie hier auch Glück haben und eine Partnerin finden, die zu Ihnen passt – das kommt aber schon fast einem 6er im Lotto gleich.

Sauna

Hier eine Frau anzubaggern, ist einfach nur peinlich, meine Herren!

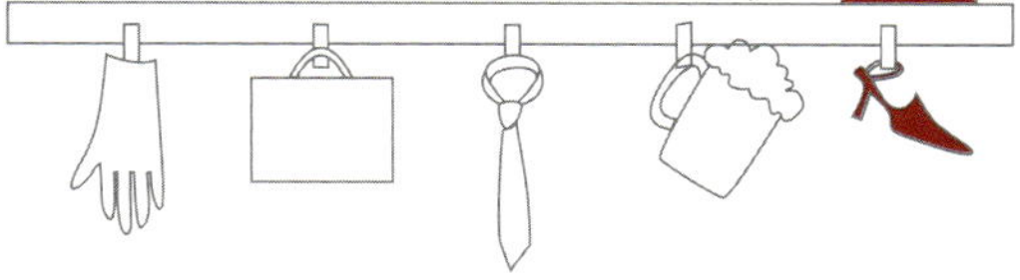

ANMACHSPRÜCHE, MIT DENEN SIE PUNKTEN KÖNNEN:

Anmachsprüche sind natürlich Geschmacksache und deshalb nur mit Vorsicht zu genießen – universell einsetzbare Sprüche gibt es nicht. Was bei der einen Dame voll ins Ziel trifft, findet die andere vielleicht gar nicht lustig. Wägen Sie deshalb immer genau ab, in welcher Situation Sie sich befinden und wie Sie auf Ihr Flirtziel wirken möchten. Die folgenden Sprüche sollen Ihnen Anregungen geben – also nicht einfach auswendig lernen und dann runterrasseln – das geht garantiert schief.

→ Das Paradies ist manchmal nur einen Blick entfernt.
→ Ihr Lächeln taucht den ganzen Tag in ein neues Licht.
→ Wenn sich Ihre Eltern nicht getroffen hätten, wäre ich jetzt der unglücklichste Mann auf Erden.
→ Hallo, kenne ich Sie nicht? Ja natürlich, Sie sind die Dame mit dem wundervollen Lächeln.
→ Wie fühlt man sich, wenn man die schönste Frau im Raum ist?
→ Entschuldigung, aber auf welchen Anmachspruch würden Sie denn am positivsten reagieren?

ANMACHSPRÜCHE, DIE GAR NICHT GEHEN:

Sprüche, bei denen der Korb quasi vorprogrammiert ist, gibt es genug. Hier nur eine kleine Auswahl:

→ Kennen wir uns nicht von irgendwoher?
→ Na, so allein?
→ Deine Augen haben dieselbe Farbe wie mein Porsche.
→ Wenn ich dir nach Hause folgen würde, würdest du mich dann behalten?
→ Hab ich dich nicht kürzlich auf dem Titelblatt der „Vogue" gesehen?
→ Kneif mich! – Sie: Warum? – Du siehst so wunderschön aus, ich muss träumen.
→ Du warst in der letzten Folge von „Baywatch" echt großartig.

TIPPS & TRICKS

- Flirten Sie nur an Orten, an denen Sie sich selbst wohl fühlen bzw. wo Sie sich gerne aufhalten. Wenn Sie eigentlich kein Diskotyp sind, ist die Chance, dort eine Flirtpartnerin zu finden, die ähnliche Interessen hat wie Sie, sehr gering. Außerdem geben Sie sich viel natürlicher und haben eine positive Ausstrahlung, wenn Sie sich wohlfühlen – das ist ein unheimlich wichtiger Faktor beim Flirten!
- Suchen Sie immer zuerst den Augenkontakt. So können Sie schon mal die Lage checken. Wenn sie aufmunternd zurücklächelt, ist das Ihr Stichwort, um in Aktion zu treten.
- Alkohol kann hin und wieder eine Hilfe sein, um Ihre Schüchternheit abzulegen und die Dame Ihrer Wahl anzusprechen. Aber Vorsicht: Zu viel davon ist meist der Flirtkiller schlechthin! Wer unterhält sich schon gerne mit jemandem, der keinen klaren Satz mehr zusammenbekommt ...
- Kennen Sie den Ausdruck „Stinken wie ein Iltis"? Zu Deutsch: Hüllen Sie sich beim Ausgehen nicht in eine Parfümwolke, die man noch 10 Meter gegen den Wind riechen kann. Sie glauben gar nicht, wie entscheidend der Geruchssinn beim Flirten ist!

Das perfekte „Dinner for two“

Tischetikette für den Mann von Welt

Tischmanieren gehören in unserer Gesellschaft einfach zum guten Ton. Sie sind fester Bestandteil der Esskultur und werden auch bei einer Esseneinladung im privaten Kreis oder in der Pizzeria um die Ecke stillschweigend vorausgesetzt.

Und eines ist ja hoffentlich sowieso klar: Bei einem romantischen Candle-Light-Dinner mit der Dame Ihres Herzens können Sie jede Menge Pluspunkte bei ihr sammeln, wenn Sie wissen, wie sich ein Mann von Welt bei Tisch verhält!

Anstoßen

So machen Sie es stilvoll: Zuerst das Glas erheben, dann den Blickkontakt zu ihr suchen, „Zum Wohl" wünschen, trinken, nochmal den Blickkontakt aufnehmen und das Glas absetzen. Normalerweise stößt man nur mit alkoholischen Getränken an. Das wird aber heute nicht mehr so eng gesehen. Man will ja schließlich keinen Antialkoholiker zum Trinken zwingen.

Bestecksprache

Keine Angst vor einem Gedeck, das vor Besteck nur so wimmelt! Beim Besteck arbeitet man sich ganz einfach immer von außen nach innen vor. Wenn Sie mit dem Gang fertig sind, signalisieren Sie es dem Kellner dadurch, dass Sie ihr Besteck nebeneinander auf den Teller legen. Dabei sollte die Messerschneide zur Gabel zeigen. Ein an den Spitzen gekreuztes Besteck bedeutet, dass Sie noch nicht fertig sind oder gerne noch einen Nachschlag hätten.

Eintreten

Wenn Sie das Restaurant betreten, lassen Sie Ihre Begleiterin immer vorausgehen. Und selbstverständlich halten Sie ihr auch die Tür auf, wie sich das für einen Gentleman gehört.

Gabel und Löffel

Das hat Ihnen vermutlich schon Ihre Mutter immer gesagt, aber wir sagen es Ihnen trotzdem noch mal: Gabel oder Löffel werden immer zum Mund geführt und niemals umgekehrt!

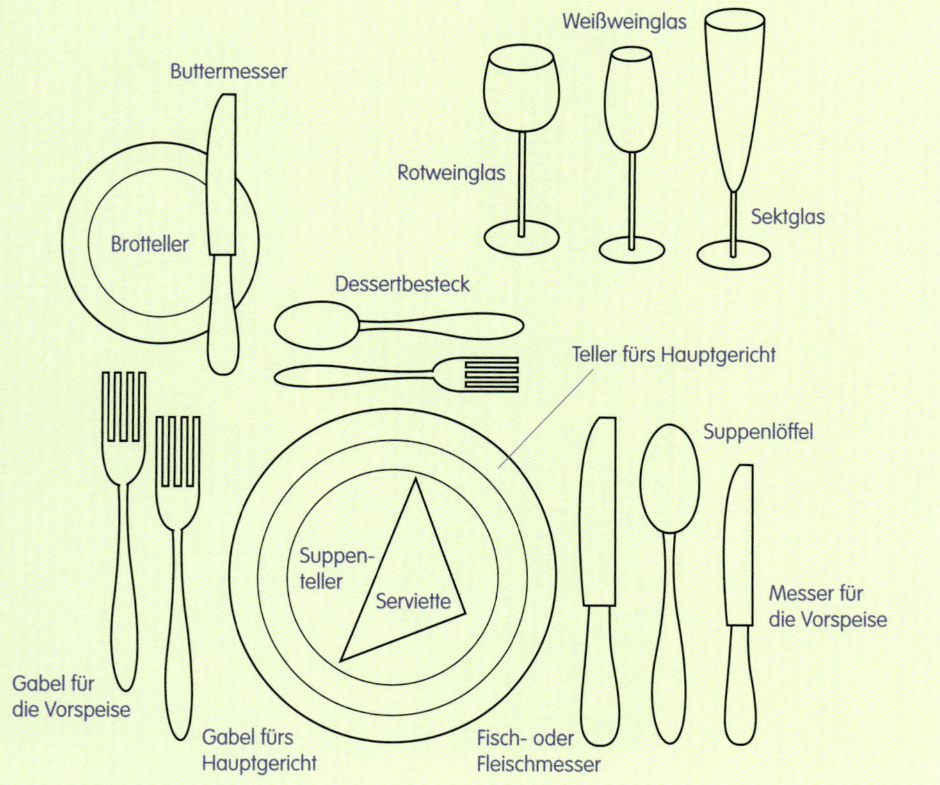

Gläser

Wein-, Sekt- und Champagnergläser immer am Stiel anfassen. Damit vermeiden Sie, dass sich gekühlte Getränke durch die Körperwärme schnell erwärmen und schal schmecken. Außerdem gibt es so keine fettigen Fingerabdrücke auf dem Kelch und beim Anstoßen haben die Gläser einen schöneren Klang.

Haltung

Natürlich sollten Sie nicht am Tisch lümmeln, sondern in aufrechter und entspannter Haltung sitzen. Auf keinen Fall dürfen Sie die Ellenbogen aufstützen! Und die Hände liegen nur bis zu den Handgelenken auf dem Tisch.

Handy

Schalten Sie Ihr Handy bei Tisch am besten ab oder zumindest stumm und lassen Sie es nicht offen auf dem Tisch liegen. Wenn Sie auf einen wirklich wichtigen Anruf warten, schalten Sie den Vibrationsalarm ein. Zum Telefonieren verlassen Sie aber bitte mit einer höflichen Entschuldigung den Tisch und ziehen sich in eine ruhige Ecke des Lokals zurück. Aber lassen Sie die Dame nicht zu lange warten, das ist äußerst unhöflich!

Husten und Niesen

Halten Sie immer die Hand oder die Serviette vors Gesicht, wenn Sie ein Husten oder Niesen bei Tisch nicht vermeiden können. Beim Niesen sollten Sie sich auch wenn möglich noch schnell genug vom Tisch abwenden.

Kellner

Den Kellner bzw. die Kellnerin spricht man heute nicht mehr mit „Herr Ober" oder „Bedienung" an. Vermeiden Sie das am besten. In manchen Restaurants trägt das Personal Namensschilder. Dann können Sie die Damen und Herren direkt mit Namen ansprechen.

Platz nehmen
Ganz nach der alten Schule: Rücken Sie zuerst der Dame den Stuhl zurecht, bevor Sie sich setzen. Solche Höflichkeitsgesten kommen auch heute noch sehr gut an.

Rauchen
Geraucht wird erst, wenn der letzte Gang beendet worden ist, nicht zwischen den Gängen eines Menüs. Aber auch dann sollten Sie Ihre Begleiterin immer erst fragen, ob es sie stören würde, wenn Sie rauchen. Vergewissern Sie sich aber vorher, dass Sie in einem Raucherbereich sitzen!

Serviette
Stecken Sie sich die Serviette bloß nicht in den Hemdkragen, sondern legen Sie diese zu einem Rechteck gefaltet auf den Schoß, wenn Sie mit dem Essen beginnen. Natürlich können Sie die Serviette auch schon früher auf dem Schoß ablegen, wenn sie Ihnen z. B. beim Hantieren mit der Speisekarte im Weg ist. Nach dem Essen gehört die Serviette nicht mitten in die Speisereste auf dem Teller, sondern locker zusammengelegt links daneben, ohne dass man die Flecken sehen kann.

Trinken
Sie möchten während des Essens etwas trinken? Dann tupfen Sie sich bitte vorher mit der Serviette den Mund ab. So vermeiden Sie unappetitliche Speise- und Fettränder an den Gläsern.

ABSOLUTE „DO NOTS" BEI TISCH:

→ Schlürfen, Schmatzen, Aufstoßen oder ein geräuschvolles „Ah!" nach dem Trinken sind nicht lustig! Aber das wissen Sie sicher selbst.

→ Nicht das Wort „Toilette" in den Mund nehmen, wenn Sie zum Wasserlassen den Tisch verlassen. Umschreiben Sie es höchstens oder entschuldigen Sie sich einfach.

→ Den Kellner nicht mit lautem Rufen oder Fingerschnipsen, sondern durch eine lautlose Handbewegung auf sich aufmerksam machen.

→ Nicht mit der Serviette die Nase putzen. Dafür gibt es Taschentücher. Drehen Sie sich am besten beim Naseputzen ein wenig vom Tisch weg, denn es ist nun mal kein besonders appetitlicher Anblick.

→ Die Suppe nicht durch geräuschvolles Pusten abkühlen, sondern warten Sie lieber ein, zwei Minütchen.

→ Nicht das Essen reinschlingen, als hätten Sie seit Tagen nichts gegessen. Essen Sie langsam und gesittet und nicht wie ein halb verhungertes Raubtier.

→ Spaghetti nicht in den Mund saugen oder mit dem Messer zerschneiden, sondern mit Gabel und gegebenenfalls auch Löffel aufrollen.

→ Und noch eine altbekannte Benimmregel, die aber immer noch ihre Berechtigung hat: Nicht mit vollem Mund reden. Den Anblick sollten Sie Ihrem Gegenüber ersparen. Erst fertig kauen, dann reden!

→ Essensreste nicht am Tisch aus den Zähnen pulen, auch nicht hinter vorgehaltener Hand oder Serviette, sondern immer die Toilette aufsuchen.

→ Schaufeln Sie nicht gleich drauflos, wenn Sie Ihr Essen als Erster bekommen. Als Gentleman wartet man, bis die Begleitung ebenfalls ihr Essen erhält.

KLEINE WEINKUNDE

Das haben Sie bestimmt auch schon erlebt: Sie sitzen mit Ihrer Herzensdame im Restaurant und haben gerade das Essen bestellt. Dann kommt's: „Welchen Wein möchten Sie zum Essen bestellen, mein Herr?" Da sitzen Sie nun und haben keine Ahnung, welcher Wein zu der Seezunge passen könnte. Und das auch noch vor den Augen Ihrer Angebeteten! Das kann Ihnen ab sofort nicht mehr passieren, denn mit den folgenden Grundregeln zur Weinkunde haben Sie wieder alles im Griff:

Als Aperitif:	z. B. Prosecco, Campari, Martini, Kir, Portwein, Manhattan, Sherry
Zur Vor- und Hauptspeise:	Weißwein zu hellem Fleisch (also zu Geflügel, Kalb und Fisch), Rotwein zu dunklem Fleisch (d. h. zu Rind und Wild). Ganz einfache Grundregel, die Sie sich leicht merken können: Je heller das Fleisch, desto heller der Wein!
Zum süßen Dessert:	lieblicher Wein, Sekt oder Champagner
Zur Käseplatte:	Rotwein
Als Digestif:	Wein, Tresterbrände (z. B. Cognac, Armagnac, Grappa), Obstbrände (Calvados, Mirabelle) und Liköre

Um die Geschmacksnerven nicht zu betäuben, trinkt man generell leichte Weine vor schweren, trockene vor lieblichen, jüngere vor älteren und weiße vor roten.

Tanzen gehen

Wir machen Sie fit fürs Parkett!

Frauen lieben es, tanzen zu gehen. Die paar weiblichen Ausnahmen, die es hin und wieder gibt, bestätigen nur die Regel. Und wie es nunmal so oft zwischen den beiden ungleichen Geschlechtern ist, sind die Männer hingegen in der Regel natürlich keine begeisterten Tänzer.

Deshalb liegt es in der Natur der Dinge, dass Sie Ihre Herzensdame mit fast nichts besser beeindrucken können als mit einer Einladung zu einem schönen Tanzabend. Schlecht nur, wenn Mann zwei linke Füße hat und nie in die Geheimnisse des Tanzens eingeweiht wurde!

Problem erkannt, Problem gebannt: Es gibt nämlich einen sogenannten „Allerweltstanz", den Discofox. Sein Grundschritt ist so einfach, dass ihn wirklich jeder hinbekommt, auch wenn er noch so unmusikalisch ist. Den haben Sie im Handumdrehen drauf und können dann so richtig auf dem Parkett glänzen.

DER DISCOFOX

Als in den 70er-Jahren die Disco-Welle über Europa schwappte, hat sich aus dem Standardtanz Foxtrott ein neuer Tanzstil entwickelt: der Discofox. Er ist auch heute noch einer der beliebtesten Gesellschaftstänze überhaupt, weil er zu den technisch unkompliziertesten Tänzen gehört, die paarweise getanzt werden.

Deshalb ist er gerade für Tanz-Neulinge der perfekte Tanz für den Einstieg. Ein weiterer Vorteil vom Discofox ist, dass er auf alle Lieder getanzt werden kann, die im 4/4-Takt geschrieben sind, also praktisch auf alle Popsongs. Und davon gibt es verdammt viele!

Im Klartext: Mit dem Discofox macht Mann mit minimalem Aufwand immer eine echt gute Figur auf der Tanzfläche! Deshalb haben wir hier den Grundschritt des Discofox auf einfache und verständliche Weise für Sie aufbereitet.

Und diejenigen unter Ihnen, die auf der Tanzfläche noch einen draufsetzen möchten, finden in der Figur der Platzdrehung eine ganz einfache Möglichkeit, den Grundschritt ein wenig aufzupeppen, ohne sich dabei verausgaben zu müssen. Dann legen Sie mal los, Mr. Travolta!

1. Der Grundschritt

Der Grundschritt setzt sich aus drei Schritten zusammen, die in gleichmäßigem Tempo gemacht werden. Dieser Dreier-Rhythmus wird während des ganzen Tanzes konsequent eingehalten.

Da der Discofox auf Lieder im 4/4-Takt getanzt wird, bedeutet das, dass man nur den ersten Schritt des ersten Taktes auf 1 beginnen kann. Anschließend verschieben sich die Einheiten von Takt und Rhythmus automatisch gegeneinander – ein weiterer Vorteil für alle, die sich bei der Taktzählerei immer verfransen. Das ist beim Discofox nach dem ersten Takt nämlich nicht mehr nötig. Ein Schlag im Beat der Musik – ein Schritt. So einfach ist das! Taktfehler können Sie hier praktisch nicht begehen.

Es gibt verschiedene Varianten des Discofox-Grundschritts, die sich aber kaum voneinander unterscheiden. Wir stellen Ihnen die sogenannte „Tip-Variante" vor. Ein „Tip" ist ein Schritt, bei dem man den Fußballen nur kurz auf dem Boden aufsetzt, ohne den Fuß zu belasten.

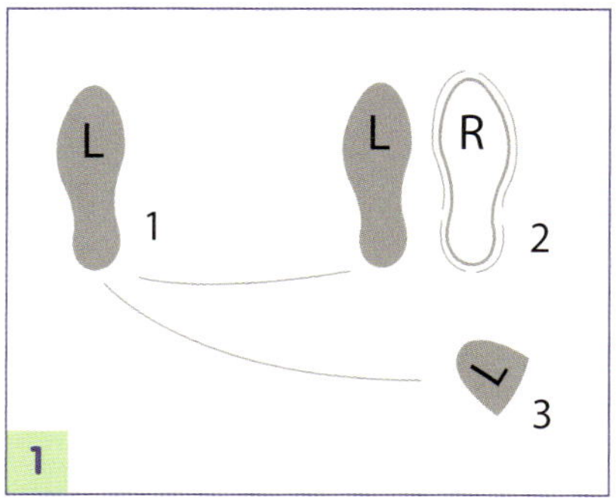

→ Grundstellung: Sie stehen auf dem rechten Fuß und machen den ersten Schritt mit links. Ihre Partnerin steht auf dem linken Fuß und beginnt mit dem rechten.

1. Schritt: Machen Sie mit dem linken Fuß einen Schritt nach links und belasten Sie den linken Fuß.

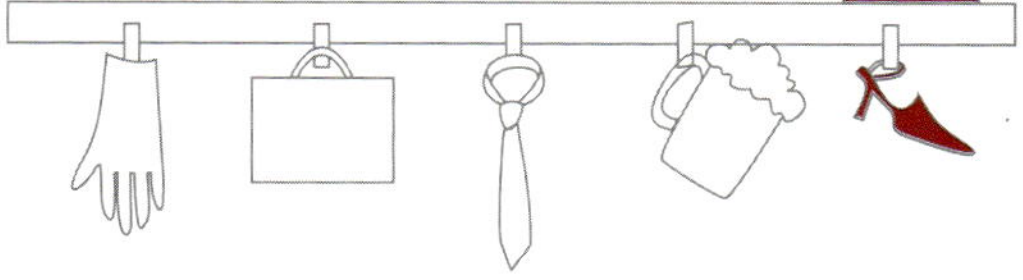

2. Schritt: Jetzt belasten Sie den rechten Fuß.

3. Schritt: Zum Schluss machen Sie mit dem linken Fuß einen „Tip" nach hinten.

Und schon geht das Ganze wieder von vorne los, indem Sie den linken Fuß wieder wie im 1. Schritt aufsetzen. Behalten Sie dieses Schrittmuster (links – rechts – Tip links) während des gesamten Tanzes bei.

Die richtige Tanzhaltung: Wahren Sie immer einen schicklichen Abstand zu Ihrer Tanzpartnerin. Legen Sie Ihre rechte Hand auf das linke Schulterblatt der Dame. Wenn Ihre Begleiterin ein schulterfreies Kleid trägt, platzieren Sie Ihre Hand etwas tiefer, aber auf jeden Fall oberhalb der Taille. Es schickt sich nicht, die Haut der Dame zu berühren. Das gilt übrigens auch für Pärchen!

2. Die Platzdrehung

Die Platzdrehung ist im Grunde gar keine richtige Tanzfigur, sondern ein ganz normaler Grundschritt, bei dem man eine Vierteldrehung macht, also eine Drehung um 90°. Mit ein bisschen Übung kann man sie auch ausbauen auf eine halbe oder eine Dreiviertel-Drehung pro Grundschritt.

Eigentlich müssen Sie dabei nur auf zwei Dinge achten:

→ Nehmen Sie genügend Schwung dafür.

→ Drehen Sie Ihren und den Körper Ihrer Tanzpartnerin, während Sie die Schritte ausführen und nicht erst danach.

TIPPS & TRICKS

• Seien Sie sich immer darüber bewusst, dass von Ihnen als Mann verlangt wird, automatisch die Führungsrolle beim Tanzen zu übernehmen. Sie sind also dafür verantwortlich, die Dame an Ihrer Seite sicher über das Parkett zu geleiten, ohne in andere Paare zu rempeln. Deshalb bitte immer vorausschauend tanzen, meine Herren!

• Um Ihrer Tanzpartnerin zu signalisieren, in welche Richtung Sie tanzen möchten, üben Sie sanften Druck auf ihr Schulterblatt oder ihre Hand aus. So können Sie sich auch ohne Worte miteinander verständigen.

• Machen Sie nicht zu große Schritte, sonst kommt Ihre Begleiterin auf ihren hochhackigen Schuhen nicht mehr mit.

• Achten Sie darauf, nicht durch Schwitzhände, Schweißränder unter den Achseln oder Mundgeruch unangenehm aufzufallen. Deos, Mundsprays oder Minzbonbons können hier Wunder bewirken.

• Schauen Sie Ihrer Tanzpartnerin beim Tanzen in die Augen, möglichst mit einem netten Lächeln auf den Lippen. Es kommt nicht so gut an, wenn Sie immer wieder den Boden fixieren, als läge dort ein Goldbarren! Vermitteln Sie Ihrer Begleiterin, dass Sie der Mittelpunkt des gesamten Saales ist.

• Das richtige Schuhwerk ist entscheidend für gekonnte Tanzeinlagen: Zum Tanzen eignen sich die heute so gebräuchlichen Gummisohlen überhaupt nicht, weil sie rutschhemmend sind und auf Tanzflächen unangenehme Quietschgeräusche von sich geben. Mit Ledersohlen können Sie hingegen lautlos übers Parkett schweben wie Fred Astaire!

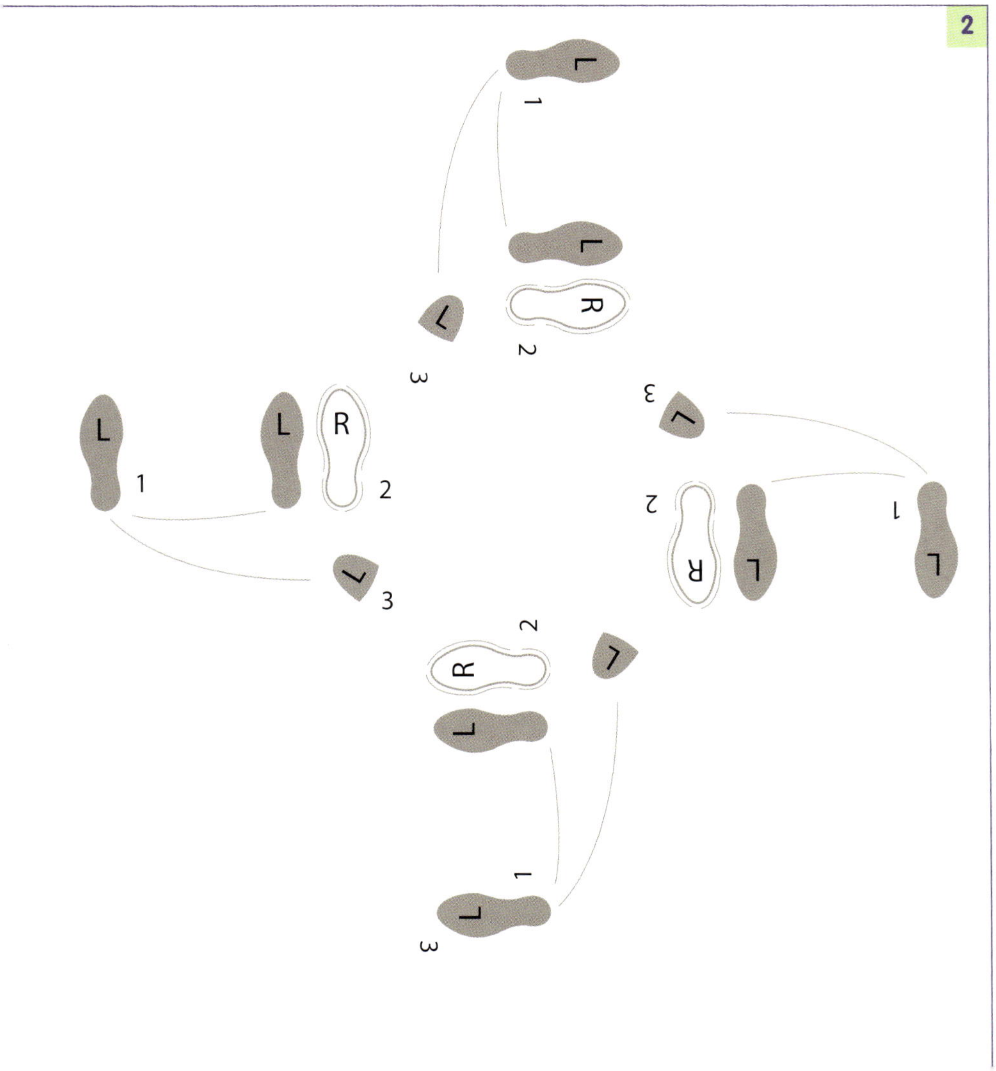

Da steppt der Bär!

Die Macken der Frauen

Wo Sie besser beide Augen zudrücken

„Das ist ja mal wieder typisch Frau!" Vermutlich gibt es keinen Mann, der das noch nie gesagt oder zumindest gedacht hat. Die Macken der Frauen sind manchmal nur schwer zu ertragen. Und manchmal hilft da auch nur: Augen zu und durch!

Aber bei ein paar der weiblichen Marotten können wir Ihnen vielleicht helfen, sie besser zu verstehen ... und vielleicht auch geschickt zu umgehen. Sie werden überrascht sein, was für ein streng gehütetes Geheimnis sich hinter der einen oder anderen Macke verbirgt.

Frauen sind gerissen

Freiwillig gibt das natürlich keine gerne zu, aber es ist nunmal eine Tatsache.

Nehmen wir z. B. mal die angebliche technische Unbegabtheit des weiblichen Geschlechts: Manchmal reine Taktik, das haben Sie sicher auch schon gemerkt.

Der Hintergedanke dabei ist, dass sie an Ihren männlichen Beschützerinstikt appellieren will, der sich sofort einschaltet, wenn Frau sich Hilfe suchend an Sie wendet. Und schon spult sich bei beiden das gelernte Rollenverhalten ab. Klappt praktisch immer, auch bei so niedlichen Ekeltierchen wie Spinnen oder Käfern, die sich in ihr Heim wagen.

Noch so eine manipulative Ader der Frauen: Sie sagen nicht, was sie denken. Denn wenn Mann wüsste, was Frau in Wirklichkeit sagen möchte, würde sie einen Streit provozieren, der sich ganz einfach vermeiden lässt. Oder wie würden Sie reagieren, wenn Ihnen Ihre Freundin verbieten würde, mit Ihren Kumpels nachts um die Häuser zu ziehen? Sie wären sauer, nicht wahr?

Genau das weiß Frau und vermeidet den sicheren Konflikt mit Ihnen, indem sie ein bisschen schummelt. Um des lieben Friedens willen ... na ja, und natürlich auch, um ihren kleinen Dickschädel durchzusetzen. Denn es ist ja wohl klar, dass Sie das Ganze später schon noch aufs Brot geschmiert bekommen. So einfach kommen Sie ihr nicht davon!

Frauen sind shoppingsüchtig

Es muss zwar nicht immer der berühmt-berüchtigte Schuhtick sein, aber irgendeinen Sammeltick hat so ziemlich jede Frau: Klamotten, Schmuck, Handtaschen oder andere Accessoires, kaum eine Frau scheint gegen den Sammeltrieb gefeit zu sein.

Glaubt man den Wissenschaftlern, liegt das an ihrer traditionellen Rolle der Sammlerin von Grundnahrungsmitteln für die Familie. Deshalb geben sich auch heute so viele Frauen hingebungsvoll ihrer Einkaufslust hin, freuen sich wie Kinder an Schnäppchen und Schlussverkäufen und bringen ihre Schränke zu Hause im Handumdrehen zum Platzen.

Frauen können nicht Auto fahren

Ein ganz beliebtes Klischee, das durch Sie, meine Herren, auch genüsslich gepflegt und am Leben gehalten wird. Geben Sie's ruhig zu!

Sie sagt	Sie meint
Natürlich kannst du dich mit deiner Ex-Freundin verabreden.	Du Mistkerl! Warum tust du mir das an?
Ich bin nicht gereizt.	Ich bin so was von gereizt!
Klar, mach doch einfach.	Du wirst schon sehen, was du davon hast!
Das ist deine Entscheidung.	Mach einfach, was ich dir gesagt habe.
Wir müssen reden.	Du hast Mist gebaut.
Ach, mach doch, was du willst.	Das wirst du noch bereuen!
Ich bin nicht eifersüchtig.	Was hat sie, was ich nicht habe?

Was Frauen außerdem noch ganz besonders gut können, ist, dem ahnungslosen Gegenüber gemeine Fangfragen zu stellen. Wir haben Ihnen mal eine kleine Auswahl aus dem unerschöpflichen Repertoire der Damenwelt zusammengestellt, damit Sie das nächste Mal vorbereitet sind:

Frage	Falsche Antwort	Richtige Antwort
Findest du mich zu dick?	Naja, so zwei, drei Kilo weniger wären schon ganz schön.	Ich bitte dich, du bist wunderschön!
Wie gefällt dir mein neues Kleid?	Hm, ja, ganz nett.	Super, es bringt deine Kurven so richtig zur Geltung.
Denkst du gerade an dasselbe wie ich?	Ja, verdammt: Wir haben den Geburtstag meiner Mutter vergessen.	Wenn du darüber nachdenkst, wie glücklich wir zusammen sind, ja.
Steht mir der Kurzhaarschnitt wirklich?	Mit langen Haaren hat's ja schon besser ausgesehen, aber ...	Na klar, jetzt kann man endlich deine niedlichen Ohrläppchen sehen.
Und? Fällt dir was auf?	Nö. Is' was?	Wem würde das nicht auffallen! (Äh, was denn eigentlich?)
Liebst du mich?	Schatz, ich hab für so was jetzt echt keine Zeit, das Spiel fängt gleich an!	Mehr denn je, mein Schatz.

Diese Liste könnte man unendlich weiterführen, was aber nicht nötig ist. Denn Sie müssen sich hier nur eine Regel merken, um heil aus der Bredouille herauszukommen:

Sie will bei solchen Fangfragen nicht die Wahrheit hören, sondern ein Kompliment! Aber Vorsicht: Es muss schon ehrlich klingen. Das weibliche Radar enttarnt schlechte Lügner nämlich sofort ...

Na ja, wir wollen mal nicht so sein. In einem Punkt scheinen Sie ja schon ein wenig recht zu haben: Frauen haben oft etwas mehr Probleme beim Einparken. Angeblich gibt es auch hierfür eine Erklärung, nämlich dass Frauen ein schlechteres räumliches Vorstellungsvermögen haben als Männer und dadurch Entfernungen schlechter einschätzen können. Und auch mit dem Orientierungssinn hapert es bei den Frauen etwas öfter als bei den Männern, das lässt sich nicht bestreiten.

Dennoch ist es ein böses Gerücht, dass Frauen schlechter Auto fahren als Männer. Richtig ist: Sie fahren anders Auto als Männer, nämlich defensiver. Daher auch die Unfallstatistiken, die deutlich zugunsten der Frauen sprechen.

Frauen haben einen Romantiktick

„Ach, wie romantisch!", seufzt sie begeistert beim Hollywood-Happy-End und schaut sehnsüchtig zu Ihnen herüber. Da weiß Mann sofort, was die Stunde geschlagen hat. Im Geiste notieren Sie sich hastig, dass Sie morgen unbedingt daran denken müssen, Ihre bessere Hälfte mit einem Blumenstrauß zu überraschen. Sonst blüht Ihnen eine endlose Diskussion darüber, warum Sie so unromantisch sind. Gegen die romantische Ader einer Frau kommt Mann nun mal nicht an! Am besten probieren Sie es gar nicht erst und fügen sich in Ihr Schicksal. Sooo schlimm ist es doch auch gar nicht, oder?

Frauen sind Heulsusen

Es ist nicht zu bestreiten: Frauen haben einfach näher am Wasser gebaut als Männer. Das liegt aber auch daran, dass sich die Herrenwelt ganz einfach nicht traut, in der Öffentlichkeit zu weinen. Schließlich wird es ihnen von klein auf eingetrichtert, dass ein Indianer keinen Schmerz kennt. Bei Frauen ist das eben anders. Sie dürfen ihre weiche Seite zeigen und haben deswegen auch weniger Hemmungen, im Kino bei einer Liebesschnulze oder beim Abschied auf dem Bahnhof dramatische Szenen abzuliefern. Aber seien Sie doch mal ehrlich, liebe Männer: Gerade diese feminine Seite ist es doch, die Sie so anziehend finden.

Frauen sind multitasking-fähig

Eine Eigenschaft, die von der Männerwelt oft bewundert wird: Frauen können sich einfach besser organisieren. Sie bekommen Haushalt, Kinder und Job scheinbar mühelos unter einen Hut und haben abends trotzdem noch ein offenes Ohr für die Alltagsprobleme ihres Partners. Gleichzeitig fordern sie von ihm natürlich dasselbe und verstehen nicht, warum die männliche Spezies nicht gleichzeitig Nudeln abkochen und mit dem Sohnemann Hausaufgaben machen kann. Und schon hat man den schönsten Ehekrach am Hals …

Zur Ehrenrettung der männlichen Spezies: Wahrscheinlich können Sie gar nichts dafür, meine Herren! Man vermutet nämlich mittlerweile, dass bei Frauen einfach die linke und rechte Gehirnhälfte stärker miteinander vernetzt sind als bei Männern. Also: Beim nächsten Anpfiff wissen Sie ja, was Sie zu sagen haben!

Frauen gehen immer zu zweit auf die Toilette

Das hat schon so manchen Mann zur Verzweiflung getrieben: Was machen die Frauen nur gemeinsam auf der Toilette? Über die Männer lästern? Sich gegenseitig schminken? Oder was?

Liebe Männer, wenn Sie glauben, dass wir Sie in jedes noch so kleine Geheimnis der Frauen einweihen, dann haben Sie sich zu früh gefreut! Ein paar Geheimnisse muss Frau schon noch für sich behalten. Das macht doch das Ganze erst so richtig spannend, oder etwa nicht?

Ich werde die Frauen nie verstehen!

Das richtige Geschenk für „sie"

Damit landen Sie immer einen Treffer!

Männern ist meistens nicht bewusst, was für Konsequenzen es hat, wenn sie einer Frau unbedacht das falsche Geschenk in die Hand drücken: So was hat schon zu so mancher handfesten Beziehungskrise geführt.

Das Gute daran ist: Mit dem richtigen Geschenk zur rechten Zeit können Sie das Herz einer Frau hingegen im Sturm erobern. Das hört sich zu schön an, um wahr zu sein? Von wegen! Mit unseren Geschenktipps liegt Ihnen die Damenwelt im Handumdrehen zu Füßen!

TIPPS ZUR IDEENFINDUNG:

Hören Sie ihr aufmerksam zu

Und beobachten Sie Ihre Herzensdame genau – und zwar nicht erst zwei Tage vor ihrem Geburtstag oder am Tag vor Weihnachten! Frauen machen es einem nämlich gar nicht so schwer, ihnen ihre geheimsten Wünsche zu erfüllen.

Bleibt sie z. B. an dem Regal mit den Handtaschen immer besonders lange stehen? Oder fangen ihre Augen jedes Mal an zu strahlen, wenn Sie an einem Musicalplakat vorbeifahren? Wenn Sie ein bisschen zwischen den Zeilen lesen können, gibt sie Ihnen im Laufe des Jahres genug Hinweise, über welche Kleinigkeiten sie sich besonders freuen würde.

Gehen Sie auf ihre Interessen ein

Interessiert sie sich für gute Literatur? Liebt sie Tiere? Ist sie ein Einrichtungsfan? Werkelt sie gerne in ihrem Garten? Geht sie leidenschaftlich gerne in die Oper oder ins Theater? Solche Fragen müssen Sie sich stellen, wenn Sie mit Ihrem Geschenk auf ein besonderes Interesse Ihrer Angebeteten eingehen möchten. Klagt sie vielleicht seit Neuestem über kalte Füße und würde sich über einen kuscheligen Fußwärmer in Bärchenform freuen?

Ich bekomm auch immer nur Socken!

Kaufen Sie ihr nicht einfach irgendetwas

Und schon gar nicht irgendwelche „praktischen" Gegenstände wie Küchenmaschinen oder einen neuen Wäschekorb – es sei denn, sie hat sich genau diese gewünscht! Damit reduzieren Sie Ihre Partnerin sonst auf ihre Rolle als Hausfrau und unterschlagen alle anderen Facetten ihrer Persönlichkeit. Nicht gerade schmeichelhaft, finden Sie nicht?

Natürlich möchte sie viel lieber von Ihnen als Ihre geliebte Lebenspartnerin wahrgenommen werden. Deshalb sollte ein Geschenk auch immer auf etwas Bezug nehmen, das für Sie und Ihre Beziehung zueinander wichtig ist, z. B. auf ihre Attraktivität, ihren Humor oder auf ein besonders schönes gemeinsames Erlebnis. Es ist eben die Individualität, die das Geschenk zu etwas Besonderem macht.

TIPPS ZUR UMSETZUNG:

Machen Sie sich ein bisschen Mühe

Ein im Internet bestelltes Geschenk, das auch noch von Mutti eingepackt worden ist, reißt keine Frau vom Hocker. Etwas ganz anderes ist dagegen ein Geschenk, an das Sie selbst ein bisschen Hand angelegt haben.

Seien Sie kreativ: Basteln Sie ihr eine selbst gemachte Geburtstagskarte oder lassen Sie sich etwas Originelles für die Verpackung einfallen. Man muss ja nicht immer

Jede Menge Ideen, die Sie inspirieren können:	
Für die gestresste Power-Frau	Schenken Sie ihr einen Wellness-Tag im Massagesalon.
Für den Musikfan	Stellen Sie ihr eine CD mit ihren Lieblingsliedern zusammen.
Für den Tierfan	Arrangieren Sie für sie ein Wochenende auf einem Tierhof.
Für die Kreative	Schenken Sie ihr einen Töpfer- oder Malkurs.
Für die Abenteurerin	Reservieren Sie ihr eine gemeinsame Ballonfahrt oder einen Segelflug über ihre Heimat.
Für die Humorvolle	Sie freut sich z. B. über ein T-Shirt, auf das Sie ihren Lieblingswitz drucken lassen.
Für die Romantikerin	Lassen Sie einen Stern nach ihr benennen oder kaufen Sie ihr ein Grundstück auf dem Mond.
Für die Weltenbummlerin	Schicken Sie sie mit ihrer besten Freundin auf einen Kurztrip in ihre Traumstadt.
Für den Kunstfan	Beauftragen Sie ein Porträt von ihr in einem von ihr bevorzugten Kunststil.
Für die Mode- und Style-Begeisterte	Buchen Sie ihr ein Fotoshooting bei einem Profi-Fotografen.
Für die Sportliche	Fahren Sie mit ihr zu einer Gletscherwanderung oder zu einer Klettertour in die Berge.

gleich von außen erkennen können, was sich unter dem Einpackpapier verbirgt. Lassen Sie Ihrer Fantasie einfach freien Lauf. Sie können gar nichts falsch machen: Selbst ein ungeschickt gebastelter Geburtstagsgruß bedeutet einer Frau immer noch viel mehr als ein gekaufter!

Personalisieren Sie das Geschenk

Für eine Frau gibt es nichts Schlimmeres als ein unpersönliches Geschenk, das Sie lieblos ausgesucht haben. Wenn Sie absolut kein Händchen für's Kreative haben und lieber nicht persönlich Hand an das Geschenk legen möchten, lassen Sie sich doch einfach von Profis helfen: Mittlerweile gibt es zahllose Möglichkeiten, ein Geschenk personalisieren zu lassen, z. B. auch im Internet.

Damit meinen wir natürlich nicht die Kaffeetasse mit dem Namen Ihrer Flamme drauf – die bekommt man ja schon auf jedem Weihnachtsmarkt hinterhergeschmissen! Nein, hier geht es natürlich um ausgefallenere Ideen wie z. B. eine liebevolle Widmung im neuesten Roman ihrer Lieblingsautorin oder eine ausgefallene Gravur auf einem Schmuckstück.

SAG'S IHR DURCH DIE BLUME

Der Blumenstrauß ist natürlich der Klassiker der Geschenke für Frauen. Und er ist auch heute bei den meisten Damen noch sehr gerne gesehen – wenn er liebevoll zusammengestellt und nicht „von der Stange" gekauft ist.

Außerdem sollten Sie darauf achten, welche Blütenfarben Sie aussuchen. Denn wenn Sie schon beim ersten Date mit knallroten Rosen ankommen, könnte das bereits das Ende Ihrer Bekanntschaft sein. Nicht jede Frau möchte schon am ersten Abend zu Leidenschaft und Erotik übergehen …

Farbe	Bedeutung
Weiß	Reinheit, Tugend, Vollkommenheit, Ehrlichkeit, Leere
Rot	Liebe, Sinnlichkeit, Leidenschaft, Energie, Wut, Hass, Sünde
Orange	Lebensfreude, Optimismus, Vertrauen, Stärke, Stress, Gier
Gelb	Wärme, Heiterkeit, Freude, Intellekt, Weisheit, Neid
Rosa	Romantik, Zuneigung, Sanftheit, Weiblichkeit, Sentimentalität
Blau	Ruhe, Ausgeglichenheit, Treue, Zuverlässigkeit, Wahrheit, Ernst, Kälte
Violett	Magie, Spiritualität, Gefühlsbetontheit, Trauer, Melancholie, Leid

KLEIDER MACHEN LEUTE

… aber nur, wenn sie ihnen auch passen. Sie wollen Ihrer Flamme ein paar heiße Dessous kaufen oder Ihrer Frau den heiß ersehnten Markenpullover zum Geburtstag schenken, den sie sich schon lange wünscht? Dann kommen Sie bloß nicht auf die Idee, einfach in das Geschäft zu marschieren und es der armen Verkäuferin zu überlassen, die Größe Ihrer Frau zu erraten. Das kann nur schiefgehen!

Die richtige Vorbereitung ist hier das A und O: Schauen Sie vorher zu Hause in einem Kleidungsstück Ihrer Frau nach, welche Größe sie hat. So kommen Sie nicht in die Verlegenheit, mit der Verkäuferin über die Körbchengröße Ihrer Frau diskutieren zu müssen und Ihre Frau freut sich darüber, dass sie nichts umtauschen muss.

Die Bewährungsprobe

Überlebenstraining für den Besuch bei den Schwiegereltern

Beim bloßen Gedanken an die Eltern Ihrer Freundin schwitzen Sie vor Aufregung Ihr Hemd durch? Sie hatten schon immer das Talent, in jedes Fettnäpfchen zu treten, das sich Ihnen bietet? Aber, aber, so schlimm wird Ihr erster Auftritt bei den Schwiegereltern in spe schon nicht werden!

Ob Sie's glauben oder nicht: Wir sind alle nur Menschen und das wissen Ihre Schwiegereltern in spe auch. Solange Sie sich nicht aufführen wie in unseren lustigen Negativbeispielen, werden Sie das Kind schon schaukeln. Es ist nämlich gar nicht so schwer, einen guten Eindruck zu machen.

DIE BEGRÜSSUNG
oder
WILLKOMMEN ZUR MUSTERUNG

Ihr Schwiegervater begutachtet Sie von oben bis unten wie ein Pferd auf dem Pferdemarkt?

Ruhig Blut! Immer nett lächeln und sich nicht anmerken lassen, dass Sie genau unter die Lupe genommen werden. Er wird schon nicht auf die Idee kommen, auch noch „dem Gaul ins Maul zu schauen". Und falls doch: Ihre Zähne haben Sie doch geputzt, oder?

Ihre Schwiegermutter starrt immer wieder entsetzt auf Ihr Ohr?

Das könnte vielleicht daran liegen, dass Sie vergessen haben, Ihren Ohrring herauszunehmen. Die konservativ eingestellte Schwiegermama wird den Schock schon überwinden. Das hoffen wir jedenfalls …

Vor dem Haus der Schwiegereltern sind Sie volle Kanne in einen Hundehaufen getreten?

Da können Sie nur hoffen, dass Ihre etwas unangenehme Duftnote den Herrschaften nicht in die Nase steigt.

DAS GEMEINSAME ESSEN
oder
PROST MAHLZEIT!

Als Sie anfangen wollen reinzuschaufeln, bekommen Sie von Ihrer Freundin einen schmerzhaften Tritt unter dem Tisch?

Bloß nicht aufschreien oder wütend werden. Sie sind ja selbst schuld: Wie konnten Sie nur vergessen, dass Ihre zukünftigen Schwiegereltern vor dem Essen immer ein Tischgebet sprechen!

Beim Anblick des Hauptgerichts dreht sich Ihnen der Magen um?

Da müssen Sie jetzt durch. Schwiegermama konnte ja nicht ahnen, dass Sie Fisch verabscheuen. Also, seien Sie tapfer und würgen Sie wenigstens ein paar Happen hinunter, um die strahlende Köchin nicht zu enttäuschen.

DIE VERABSCHIEDUNG
oder
ZU FRÜH GEFREUT

Schwiegerpapa umrundet Ihren PKW mit hochgezogener Augenbraue und gerunzelter Stirn?

Sie hätten eben doch nochmal vorher in die Waschanlage damit fahren sollen. Unter dem Dreck der letzten fünf Jahre blitzt zwar ab und zu noch ein bisschen von der Originalfarbe durch, aber das scheint Ihrem Schwiegervater seltsamerweise nicht auszureichen. Warum bloß?

Ihre Freundin hat nichts Besseres zu tun, als Ihre Eltern fürs nächste Wochenende zum Gegenbesuch einzuladen?

Keinen Ton, solange Sie nicht im Auto sitzen! Die Tür ist zu? Gut, dann können Sie Ihren Frust herausschreien. Und danach können Sie sich ja schon mal geistig-moralisch auf das nächste Wochenende einstellen …

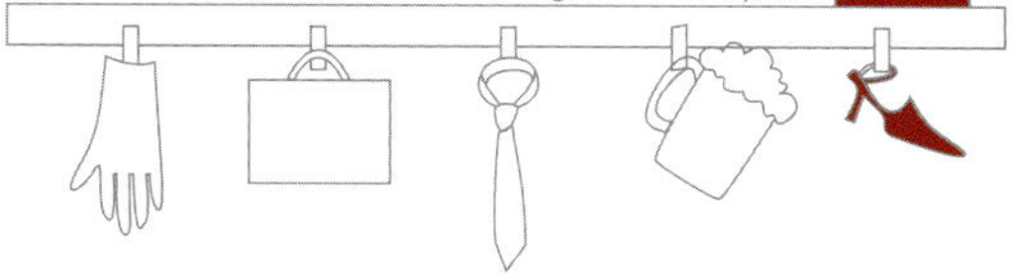

SCHWIERIGE VERHÄLTNISSE ...

Das Verhältnis zwischen Schwiegereltern, Schwiegertöchtern und -söhnen ist von Natur aus schwierig. Wenn man mal genauer darüber nachdenkt, leuchtet einem durchaus ein, warum man es z. B. dem Schwiegerpapa irgendwie nie recht machen kann.

Schwiegervater – Schwiegersohn

Für den Vater bleibt seine Tochter immer das kleine Mädchen von fünf Jahren mit Engelslöckchen, egal ob sie 18, 25 oder 40 ist. Mit dieser Tatsache muss ein Schwiegersohn einfach leben.

Die Konsequenzen sind zum einen, dass der Schwiegersohn immer in Konkurrenz zum Vater steht. Er ist jetzt der bestimmende Mann im Leben der Tochter. Deshalb fühlt sich der Vater aufs Abstellgleis gestellt und vielleicht auch ein bisschen alt.

Zum anderen ist da natürlich noch der Punkt, dass der Vater nicht damit umgehen kann, dass der Schwiegersohn die Unschuld seines kleinen Mädchens gefährdet. Vom Verstand her weiß er natürlich schon, dass das heute sowieso nicht mehr so ist mit dem Sex vor der Ehe. Aber sein Herz gibt sich eben doch noch der Illusion hin. Und daher ist der Schwiegersohn eben automatisch sein Feind.

Schwiegermutter – Schwiegersohn

Das Verhältnis dieser beiden ist meistens weniger problematisch. Solange der zukünftige Schwiegersohn gut zu ihrer Tochter ist und die beiden glücklich miteinander sind, stellt sie dem zukünftigen Schwiegersohn meist keine Hindernisse in den Weg.

Schwiegermutter – Schwiegertochter

Viel schwieriger ist hingegen meist das Verhältnis der Schwiegermutter zur Freundin oder Verlobten des Sohnes. Es fällt ihr schwer zu akzeptieren, dass ihr Sohn sie nicht mehr braucht. Vor allem die überfürsorglichen Mütter, die bisher alles für ihren Sohn getan haben, tun sich schwer, ihr geliebtes Kind loszulassen. Da hat die Konkurrentin natürlich schon von vornherein einen schlechten Stand.

Das äußert sich dann meistens in den üblichen Problemen, wie man sie aus Film und Fernsehen kennt: Um ihrem Sohn und sich selbst zu beweisen, dass sie doch noch gebraucht wird, sucht die verzweifelte Mutter nach Ansatzpunkten, um sich wieder nützlich machen zu können.

Und so kommt es, dass sich die Schwiegertochter häufig im Kreuzfeuer befindet: Sie kann ihrer Schwiegermutter nichts recht machen, ist nicht ordentlich genug, kocht keine vernünftigen Sachen und ist sowieso nicht gut genug für ihren Sohn.

In einer solchen Situation sollten sich Schwiegertöchter immer vor Augen halten, was der Grund für das Verhalten der Schwiegermutter ist. Vielleicht können sie ja dann ein wenig Verständnis aufbringen und lassen sich das Ganze nicht so zu Herzen gehen.

Schwiegervater – Schwiegertochter

Hier gibt es meistens kein besonders großes Konfliktpotenzial. Schwiegerväter nehmen es meist sehr gelassen, wenn ihnen die Schwiegertochter des Sohnes nicht gerade sympathisch ist. Sie halten sich sowieso eher aus der Beziehung ihrer Söhne raus: „Schließlich ist er ja selbst groß."

Vielleicht konnten wir ja dem einen oder anderen, der sich in einer der vier Situationen befindet, mit diesen Analysen ein wenig helfen. Eines gilt auf jeden Fall bei allen: Versuchen Sie sich in den anderen hineinzuversetzen. Würden Sie in seiner Situation nicht sogar genauso empfinden?

Kein Mensch will einem anderen von Natur aus Böses. Es gibt immer einen Grund für sein negatives Verhalten. Wenn Sie sich das klarmachen, fällt es Ihnen bestimmt leichter, den Schwiegereltern mit dem Motto entgegenzutreten: „Leben und leben lassen."

Genehmigte Lizenzausgabe
EDITION XXL GmbH
Fränkisch-Crumbach 2006
www.edition-xxl.de

Projektleitung: Sonja Sammüller
Illustrationen: Ilka Renz
Layout, Satz und Umschlaggestaltung:
SAMMÜLLER KREATIV GmbH

ISBN (13) 978-3-89736-316-8
ISBN (10) 3-89736-316-X

Wir danken folgenden Firmen für ihre freundliche Unterstützung:

G. Poggenpohl, Wismar	25
Lieken Urkorn	24
Nestlé Erzeugnisse GmbH, Frankfurt	25